深度案例思考法
从怎么可能到原来如此

ブラックスワンの経営学

[日] 井上达彦 著
王广涛 宋晓煜 译

北京联合出版公司
Beijing United Publishing Co.,Ltd.

序　言

当"不可能"发生的事件在眼前发生，人们往往会惊慌失措、手忙脚乱。等到事后得知事件的背景和起因时，又懊悔于不知道居然还会有那种事情发生。或许人们会遗憾地想："如果早就知道的话，应该会更好地去应对吧。"

豪华邮轮"泰坦尼克号"（RMS Titanic）沉没，正可谓是当时"不可能"发生的事件中的代表。这艘全长约270米的邮轮，船底为双层结构，船底下层的水密舱有16个之多。因此，被称作"不沉船"。然而，如果预先考虑到船有可能沉没，那么救生船的数量想必会增多，也就有更多人能获救。

关于"泰坦尼克号"沉没的原因，事后已经有人头头是道地作了解释。然而，无人了解真实情况。我们所能确定的是，只要是船，就绝对"有可能"沉没。

文艺评论家纳西姆·尼古拉斯·塔勒布（Nassim Nicholas Taleb）把"不可能"发生的事件比喻为"黑天鹅"（黑色的白鸟[①]、Black Swan）。[②]欧洲人在登上澳大利亚发现黑天鹅之前，一直认为天鹅都是白色的，黑天鹅是"不可能"存在的。

[①] 日语的天鹅有两种表述，一种是"白鸟"，另一种是"スワン"（英语swan的谐音）。——译者注

[②] 纳西姆·尼古拉斯·塔勒布著，万丹译：《黑天鹅：如何应对不可知的未来》，北京：中信出版社，2008年。（Taleb, N. N., 2007. The Black Swan, Random House.）——译者注

当自己认为绝不可能发生的事件真的发生了的时候，人们不禁在心里惊呼："怎么可能？"可是冷静下来仔细想想，事件发生的可能性还是很大的。而随着我们认识到事件的可能性，我们的学习效果也就得到了提升。①

我也曾惊呼过"不可能"。1995年1月17日清晨5点46分，"阪神大地震"发生时，我就这样惊呼过。因为在那之前，我一直以为日本关西地区不可能发生地震。

室外光芒闪过，地下仿佛突然发生了一场爆炸，然后，地面开始剧烈地纵向摇晃。我当时根本没想到是地震，还以为是核炸弹之类的爆炸声。关西的这场地震，已经超出了我的想象。

当然，我也曾在地理课上学习过大地震的发生原理。太平洋板块受到挤压而发生俯冲，受其反作用力的影响导致地面摇晃。然而，我所了解的地震是先横向晃动，然后逐渐加剧，接着就会平息下来。并非如同爆炸一般，纵向晃动。

事后人们才知道，原来日本到处都是"活断层"，当活断层相互错动时，就会引发直下型地震。尽管研究地震的相关学者了解这一事实，并曾标示过活断层的危险度。但在当时，大多数普通人都不知道直下型地震。

从专家们评论阪神大地震的语气中可以看出，他们似乎早已意识到地震发生的可能性。听了他们的评论，我不禁想到："如果早就知道的话，想必许多人都能免于一难。"

和阪神大地震一样，不论是"3·11"东日本大地震，还是"9·11"恐怖袭击事件，都出乎意料、难以置信，然而，这些事件真的就这样发生了。正因如此，塔勒布才敲响警钟，呼吁大家应时刻意识到"黑

---

① 吉原英树：《"怎么可能"与"原来如此"——经营成功的决胜点！》，同文馆出版，1988年。

天鹅"的存在。

部分"黑天鹅"的产生单纯基于"不确定性"与"随机性",因此无法预测。所以,提醒自己一切皆"有可能",才能做好万全准备。

不过,世界上还有一些"黑天鹅"的存在是源于人类的无知。有时候,我们认为的"不可能",是由于我们"不知道"所导致的。例如,有些知识在当时尚未被完全解答,又或者有些知识虽然已经被解答,但是并没有广为人知。

比如说以前,学校体育社团往往认为,运动过程中饮水会令人感到更加疲乏,因此应避免胡乱摄取水分。想必有不少人曾被严厉地告诫:"不要喝水!"然而,渐渐地,专业选手往嘴里灌运动饮料的景象出现在人们的视野里。对于不了解情况的外行来说,这就是"黑天鹅"。后来人们才知晓,原来同时摄取盐分和水分能够达到预防中暑的效果。在这个知识广为人知之前,又有多少人曾因此而中暑死亡?

学术研究者的使命是发现"黑天鹅"。其一,发掘"不可能"中的可能性,去探索是否有超出专家们认知的"黑天鹅"。其二,有些知识尽管已经为专家所知,却仍被普通人认为"不可能",专家应积极地向普通民众普及这些知识。

奥斯卡奖

现在我们换个话题,大家是否知道,管理学界也有个"奥斯卡奖"呢?说起社会各界的重要奖项,电影界的"奥斯卡奖"(Academy Award)无人不知、无人不晓。音乐界有个"格莱美奖"(Grammy Awards),想必大家也有所耳闻。"金球奖"(Golden Globe Awards)在电视界也非常有名,有的电视剧迷专挑金球奖的获奖作品观看。

然而,了解管理学界"奥斯卡奖"的人却恐怕仅仅局限于专业人士。

而且荣获该奖项的作品中,有不少出人意料的知识尚未被普通大众所熟知。

本书将从管理学界的"奥斯卡奖"获奖作品中,专门选取出人意料的知识进行介绍。页数所限,本书只能介绍其中一部分论文,重点关注那些连专家都大呼不可思议的研究成果。

美国管理学会(Academy of Management,AOM)是全世界管理学界中最具权威的一个学会。截至2014年6月,该学会有18,600名会员。它出版的《美国管理学会学报》(*Academy of Management Journal*,AMJ)也是管理学界的顶级期刊之一,每年刊载的论文数虽然有所浮动,但是大致为60篇左右。而每年向该期刊投稿的论文有上千篇,足可见在这一期刊上发表论文是多么的有难度。

每年精选的60篇论文中,还会评选出最优秀论文奖(Best Article Award)。获得最优秀论文奖的作品可以说是千里挑一。

与电影、音乐、电视剧相同,学术研究也同样富有内涵,是人们凝集心血创作出来的作品。因此,获得最优秀论文奖的作品一定程度上可以称为划时代的研究成果。在这一点上,也与电影、音乐、电视剧的获奖作品没有什么不同。

例如,有一篇曾被提名为最优秀论文奖候选的论文,题目为《超人对决神奇四侠》。[①]该论文试图把超人和神奇四侠进行对比,论证到底是一个超人式的创作者比较优秀,还是由拥有不同特技的创作者组成的团队更为优秀。论证结果显示,如果以"双方都具有创作各种作品的经验"为前提,那么超人式的创作者更胜一筹。尽管神奇四侠是个非常优秀的团队,但是在统合各种知识的能力方面,与单个的超人

---

① Taylor, A., & Henrich R. G., 2006. Superman or the Fantastic Four? Knowledge combination and experience in innovative teams. *Academy of Management Journal*, 49(4): 723-740.

相比仍有所欠缺。

不仅如此，在学术的世界当中，有些内容能够激发人们的求知欲，有些内容则有利于实践。其中，开拓学术研究前沿的"寻找黑天鹅"研究有着重要的价值。笔者希望企业家以及承载未来希望的学生们能够对这些知识有所了解。

本书尽量避免使用太过专业的术语，力求用通俗易懂的语句向企业家乃至普通学生介绍学术作品。希望读者能够体验到管理学世界"奥斯卡奖"获奖作品的独特魅力。

本书所列举的研究成果都是当之无愧的获奖作品，其题材与内容都值得广泛注意。论文题材涵盖组织变革、新业务开拓、人才招聘、新技术普及，以及M&A（企业并购）等管理学中必不可缺的课题。涉及的研究对象包括教会、报社、电影制作公司、医疗机构、风险企业等。有的论文提出了与普遍论调截然不同的见解，有的论文把彼此对立的见解进行了统合，还有的论文发现了令人意外的真相，或是探明了不可思议现象的发生原理。即使是普通读者，想必在读后也会恍然大悟，感叹"原来如此"；或是获得新的启示，提醒自己该怎样去做，该注意什么。

发现"黑天鹅"的方法

笔者不仅希望读者能够愉快地体验到研究内容的有趣之处，同时希望读者能学习到有益于日常实务的研究方法。因此，本书在选取获奖作品时，集中选择"案例研究"（Case Study）类论文。与需要罗列公式进行复杂解答的研究不同，只需了解案例研究的研究方法，读者就可以将其应用于今后的实践过程中。

管理学研究主要使用如下两个方法。其一为本书所介绍的案例研究，其二为统计学研究。主流是利用统计学开展的"假说验证型研究"，如今，该研究方法已经成为管理学领域的一大潮流。

比如我们来验证所谓的"快乐工作模式"（Happy Worker Model），即"如果从业人员的满意度较高，那么公司业绩也会提高"。若是使用统计学的研究方法，应该开展问卷调查。对各企业各部门的从业人员开展满意度调查，同时通过某种形式将各部门的业绩量化。然后观察满意度高的部门，验证其业绩指标是否也高。至于满意度调查问卷能否调查出员工的幸福度，这一点虽然是个问题，但是，通过统计学调查推导出普遍成立的法则，这一点值得肯定，学界也公认其为一种捷径。

与此相反，案例研究是对某个特定的企业、组织、个人、产品等展开研究。即使同样调查"快乐工作模式"，案例研究不会去大量收集数据，而是关注少数的案例。例如，在业绩持续上升的丽思卡尔顿酒店（The Ritz-Carlton），为何员工能够如此积极地工作？在经营有方的迪士尼乐园，调动演员积极性对团队演出会产生怎样的影响？案例研究就是分析诸如此类个别案例，试图从中获得启发。

但是，由于是案例研究，尽管它能明确证明某些个别的案例，却不能将研究成果简单地推演到其他案例当中。因为案例是在某个特定的时间、特定的场所、特定的状况下才产生的，不见得每次都会产生同样的结果。社会科学研究的立足点在于探求普遍成立的法则，我们不得不承认，案例研究在这一方面确实具有局限性。

然而，案例研究具备统计学研究所没有的绝佳能力。即使只是专注于一项案例，其研究也包含如下三种能力。

（1）活跃人类大脑的能力（案例研究与思考力及观察力极具亲和性）

（2）应对复杂局面的能力（读解因果关系的能力）

（3）形成"类比基础"，开拓未来的能力（即使前例很少，也能推导出有效的假说）

案例研究的如上优点在打破一般论调、类比未来案例方面能够起到重要作用。如果说，统计学研究适合于研究作为整体的白天鹅，那么与之形成对比的是，案例研究适合于找出"黑天鹅"的存在。

事实上，或许是因为案例研究具有如上特性，所以在管理学界的几个主要学会，有不少案例研究型论文获得了最优秀论文奖。

在这里，笔者要讲述一个令人惊讶的事实。如前文所述，在管理学界的相关学会，一直以来都以统计学为基础的研究为主流，许多使用统计学研究的论文被刊载在学术杂志上。即使所要证明的假说并不重要，甚至其引发的启示无法给人留下深刻记忆，但是只要证明了该假说，那么论文就有可能被采用。在这一点上，统计学研究型论文很有优势，登载比例约占所有论文的90%。

换言之，案例研究型论文的登载比例甚至无法达到10%。从数量上来说，案例研究型论文的存在感非常低。

另一方面，当我们查看各学会获得最优秀论文奖的论文时，发现案例研究的存在感突然变得强烈起来。以最近趋势为例，AMJ的获奖论文当中，案例研究型论文约占50%（2000年至2013年）。而管理类的权威学术期刊《管理科学季刊》（*Administrative Science Quarterly*，ASQ）以刊载后五年内的影响力为依据评选出最优秀论文奖，其中，案例研究型论文约占获奖论文总数的70%（2000年至今）。

为何众多案例研究型论文被选为最优秀论文呢？让我们来看一下AOM的基本评选标准（2002年至2009年）。

- 论文提出的调查课题有多么重要？
- 论文所揭示的理论能多大程度加深人们对组织的理解？

- 是否采取了严密的研究方法,并且针对调查课题明确提出了强有力的答案?
- 该论文对未来的管理学研究将产生多大程度的影响?

以上标准有个共通点,即强调论文研究带给读者的冲击。

换言之,大多数情况下,是案例研究提出了颠覆学术界常识的课题,发表了出人意料的见解。甚至可以略为夸张地断定,案例研究在发现"不可能"事件方面作出了贡献。也就是说,案例研究这一方法适用于寻找"黑天鹅"。

仔细想想,人类常常会遇到"不可能"的事情,并且注定要面对这些"不可能"。举例而言,请回想"3·11"东日本大地震之后紧接着发生的核泄漏事故。当时想必大家都觉得"难以置信"。尽管如此,每当"不可能"发生的事情发生,事后的原理介绍往往给人以该事件事先就已经被预料到了的错觉。而且由于专家解释得特别清楚,人们误以为"下次可以预测出来"。

然后,错觉引发了又一个"难以置信"的事件。就算在制定地震预案时,我们作周全的考虑,然而还是可能发生"意料之外"的事件。并且越是详尽地进行相关说明,越会觉得新"预想"已经相当完备,但实际上这一预想却有可能靠不住。因此,塔勒布对于此类"事后诸葛亮"式的解释和预测持怀疑态度。他警告道,合适的说明是无法拼凑出来的。因为就算告知人们"黑天鹅"的存在,或许下次又会出现"蓝天鹅"或者"红天鹅"。

正因为如此,除了尽快找到颜色令人"难以置信"的天鹅,我们别无他法。尽管总是遇到难以预期的不确定性,我们仍应尽全力找出我们认为"难以置信"的现象,以及"难以置信"的假说。这不正是所谓的科学进步吗?

事实上,持这种态度做出的研究成果往往会受到赞誉。2006年以

AMJ编辑委员为调查对象的问卷调查结果显示，编辑委员们所列举的"最具影响力"的研究就是此类案例研究。

因此，本书打算选取一些获奖或获得学界好评的案例研究，将其内容及方法介绍给读者。

优秀影片的优秀之处并不仅仅在于电影本身很有趣，电影作品的制作手法也肯定相当精妙。同理，获奖论文的诞生同样需要极为有趣的调查手法来推动。所以，希望读者们不仅要关注研究的内容，还要把视线转向研究的方法，仔细品味，力图把这些研究方法应用于未来的实践当中。尤其是那些推导并验证新假说的方法，非常值得读者们去学习和借鉴。

案例研究绝非仅仅限于专业人士郑重其事地埋头研究。人们在日常生活中就会产生一些类似案例研究的创意。所以才说，获奖论文的研究方法不仅可以应用于调查研究，还可以对实务及日常生活作出贡献。笔者认为，通过理解这类学术研究的精华，可以提高人们在实际业务中的洞察能力。

目 录

序 言 ……………………………………………………………… 1

第1章 "UFO降临说"的信徒为什么深信不疑？ …………… 1
    何为案例 4
    何为案例研究的创意 5
    案例研究与统计学研究有何不同 10
    认知失调理论 11
    "黑天鹅"的存在 13
    案例研究的优势 14
    棉花糖实验 16
    案例研究的三种能力 17

第2章 衰落教会的例外重生 ………………………………… 25
    唯一案例的价值 29
    最优秀论文奖获奖论文 32
    作为案例研究对象的故事情节 35
    该研究的主张和贡献 37

导致变化增幅的环境　38

　　导致变化增幅的行为　40

　　偏离所带来的启示　41

　　居于最高层次的学术研究范式　42

　　回避"精英偏见"以及"回顾偏见"　43

　　归因的顺序　44

　　关于案例研究的一点建议　46

第3章　报社决策过程中的"扭曲现象" ………………… 51

　　两个实验　54

　　重复试验的逻辑　59

　　最优秀论文奖获奖论文　60

　　面对危机时资源配置的变化　63

　　尚未被危机影响到的盈利模式的惯性　64

　　搞错方向却加倍投资　66

　　对威胁的感知和扭曲现象　67

　　从例外案例中学到的"扭曲现象"消除法　69

　　外部意见的重要性　71

　　宛如实验一样的案例研究　72

　　居于最高层次的学术研究范式　74

　　关于案例研究的一点建议　75

第4章　判断编剧的创造性 ……………………………… 79

　　最优秀论文奖获奖论文　83

11

二元评价模型　85

　　创造性潜力的评价　85

　　判断过程的第一步（与对象人物相关的原型）　86

　　7个原型　87

　　判断过程的第二步（与调查对象相关的原型）　94

　　对等且高度合意的关系　97

　　单方面的指导、建言关系　99

　　居于最高层次的学术研究范式　101

　　关于案例研究的一点建议　102

第5章　"医疗革新"未能得到普及的原因 ………………… 107

　　必要条件与充分条件　110

　　契合法　112

　　差异法　113

　　最优秀论文奖获奖论文　115

　　两个阶段的调查过程　116

　　第一阶段的调查　117

　　第二阶段的调查（其一）　124

　　广为普及的极端案例　125

　　未能得到普及的极端案例　126

　　比较分析具有对照性的案例　127

　　第二阶段的调查（其二）　128

　　居于最高层次的学术研究范式　130

　　防止研究迷失方向的"问题意识"　130

　　关于案例研究的一点建议　132

第6章　风险企业并购中的"背叛" ……………………… 135
最优秀论文奖获奖论文　139
通往不幸结局的"五个阶段"　143
非对称性信任所带来的"两种欺骗"　148
居于最高层次的学术研究范式　151
关于案例研究的一点建议　155

第7章　能够应用于商业实务的案例研究方法 ………… 159
值得借鉴的地方：学术调查和实务调查的共通之处　161
可以舍弃掉的部分：学术调查和实务调查的区别　170
去学术化的"公文式教育"　177
支持KUMON共同体理论的共通语言　180

后　记 …………………………………………………………… 182
致　谢 …………………………………………………………… 187
出版后记 ………………………………………………………… 189

第1章

"UFO降临说"的信徒为什么深信不疑?

案例研究解开因果关系的能力

当你得知你所乘坐的飞机即将坠毁,你会给谁留下怎样的信息?

我很喜欢一部名叫《真爱至上》(*Love Actually*)的电影。这是一部获得英国电影学院奖的优秀作品。影片开头,为了证明"这个世界充满爱",有段画外音提及了震惊世界的"9·11"恐怖袭击事件。

> 当飞机撞向世贸大楼时,乘客所打出的电话都不是仇恨或报复,而是爱的信息。

当一个人得知自己不久于人世,他会恍然发觉自己还有许多话想要对某些人说。鉴于陷入仇恨与欲望的人少之又少,因此,尽管乍一听闻"所有都是爱的信息"时会有点吃惊,但转念一想,却又在情理之中。

虽然这仅仅是一则个案,但是应用在其他诸多案例当中都极具说服力。假设另一种情形,另一类人群,或是另一种表现方式,最终,人们必然还是会留下充满爱的信息。

事实胜于雄辩。这段画外音虽然仅有短短两行,却哀伤地传递了所有坠机乘客的心情。它毫无遗漏地凸显了古今东西人类的本性,在这一点上它和神话、童话等故事的效果一样，不同的是，这是一个真实的案例。

有人说，小说家用谎言道出真相，政治家用谎言掩盖真相。确实，不论是有趣的小说，还是优秀的讲演，都靠说服力来吸引人们的注意。但它们都比不上那些被证明事实上真正存在的案例。因为，案例是在用真实来讲述真实。

何为案例

所谓案例，是指"某个特定的历史个体或集团中发生的事态"①。或许这个定义太过抽象，让人难以在脑海中勾勒出它的具体形象。比如说，"9·11"恐怖袭击事件就是一个案例。如果把这个案例细化，那么，撞向世界贸易中心一号楼和二号楼的飞机，与坠落在宾夕法尼亚州的飞机又是单独的案例。而且，飞机上人们的行为又可以作为一个个案例来进行分析。

案例研究的特征，是重视案例的前后关系（即事件的脉络和状况）。所谓前后关系，是指围绕某个事态的具体状况。就前文所述的电话案例而言，打电话的前后关系是飞机被恐怖分子劫持，即将撞毁，人们临死前仅能留下只言片语。

同样是向电话彼端的家人表达感谢之情，日常生活中的"我爱你"（I Love You）和坠机前仅能留一句话时的"我爱你"，有着极为不同的含义。案例研究正是要时刻留意这些不同，联系前后关系来进行理解和分析。

---

① 田村正纪：《研究设计：经济常识创造的基本技术》，白桃书房，2006年，第74页。

例如，电影《真爱至上》为了展示"爱无处不在"（"Love actually is all around."）这一命题，在开端介绍了"9·11"事件的案例。而在展开电影剧情时，则讲述了几个或哀伤、或温暖的关于"真爱"的故事。

对案例研究而言，前后关系是指理解案例时所不可缺少的背景知识。对此，有必要密切注意并对其展开分析。

飞机即将坠毁这一背景是极为重要的。人之将死，其言也善。临终遗言往往能传达出一个人的真实想法。在这一背景下的留言"我爱你们"，为证明"爱"这个命题发挥了重要的作用。因此不能仅仅把该案例当做一个简单的样本来看待。

在这一点上，案例研究与统计学研究有着很大的差异。统计学研究试图模糊案例的前后关系，相较于联系前后关系的因果脉络，它更倾向于不被前后关系所左右，而力求找到普遍的法则。

然而，有许多事物很难简单地用统计学数据来表达，这也是案例研究存在的意义。

何为案例研究的创意

为什么说案例研究的创意很重要呢？首先讲个架空的小故事。

某出版社编辑部决定组织发行"世纪末特辑"。主编问大家："有没有什么有趣的素材？"新人可能会回答："有的宗教团体预言地球会在玛雅历的世纪末灭亡。"主编要求："快去调查一下。"在调查过程中他们发现了一个案例。有个宗教团体相信2012年12月22日地球会灭亡，至今该团体仍在秘密开展活动。

颇有意思的是，尽管该团体的预言并未成真，但信徒们反而更加团结。明明地球没有灭亡，他们却更加积极地继续开展传教活动。

略微调查后，他们发现，除此以外还有别的团体也是预言失灵、信徒的信念反而更强。那位新人预感到即使预言没有成真，信徒们仍不肯动摇信仰的背后，似乎存在某种特别的因素，于是他向主编进行了汇报。

主编："似乎挺有意思的。还有别的团体是这种情形吗？"

新人："如果去查查国外的团体，应该能发现同样的现象。但是能够调查到的团体有限，恐怕很难进行统计验证。"

主编："那倒是（笑）。既然数据有限，那么我想知道，为什么预言失灵后信徒反而更加虔诚。只要弄明白原因，即使案例较少也没关系。"

新人："好的，谢谢。我立刻去查。"

由于"统计验证"很难实现，于是主编转变思维，决定用"案例研究"的手法做一篇报道。

要实现统计验证，收集样本非常重要。具体来说，收集样本时需要把整个分析对象按比例缩小。例如，在分析日本社会时，男女比例约为一比一，而且年龄结构要反映出日本的少子高龄化现象。性别、年龄、家庭结构、学历、职业等方面都要与日本社会的平均水平相似。

倘若在收集样本时偏向一方，例如只调查了一群老实的年轻人，那么调查收集到的数据必然与社会经验丰富的老年人群的数据大为不同。因此，应随机（random）挑选样本，以使缩小后的分析对象不存在偏差，同时必须充分收集数据进行统计计算（图1-1）。

以组织及团体为对象开展调查时基本就是这种结构。如果要验证新兴宗教的普遍成立情况，需要将世上所有新兴宗教按一定比例缩约成样本。调查预言并未成真的宗教团体时，则需调查，那些团体到底是怎样的宗教团体？领导者如何获得信徒信赖？成员数量大约有多少？团体具有排他性还是开放性？种种方面都需要不偏不倚。而且，

▲○■表示个体。比如说假设母集团的结构比例为▲（高龄者）:○（成年人）:■（未成年）=2:3:1，那么样本也必须按照相同比例组合而成。

图1-1　统计推定的结构图

纵使只是进行单纯的统计分析，至少也要收集大约30个宗教团体的数据。

倘若真能实现这种理想的取样调查，那么采用统计学的构思当然是再好不过了。然而，若是时间有限，或是收集到的样本数量达不到统计学研究的要求，那就只能采取别的思路展开调查。

编辑部新人开始调查以后，转眼又过了几天。

新人："主编，我调查了一下发现，有的信徒即使亲眼见到足以颠覆自己信念的事实，仍然毫不动摇，甚至变得更加虔诚。但要发生这种情况，至少需要满足两个条件。"

主编："哦？什么条件？"

新人："首先，信徒因为误信预言做了某些错事难以回头。例如辞掉工作、变卖家财入教等。这类人很想相信'自己的决断是错误的'。其次，他的身边有同伴一样相信自己的信念是正确的，来自同伴的认同加强了这一心理作用。满足了这些条件，信徒不但不会动摇信念，反而更加虔诚。"

主编："有意思。相同情况是不是也有可能发生在其他宗教团体？"

新人："我不可能调查太多宗教团体，所以没法断言。"

主编："既然调查不了太多宗教团体，那就查查满足这两个条件的宗教团体吧。这回的案例是2012年的世界末日预言，还可以调查一下20世纪末，也就是1999年的世界末日预言。同样是世界末日预言，如果满足这两个条件的宗教团体都发生了同样的情况，那就可以断言了。这种思路和重复试验进行验证没什么不同。调查两三个案例就基本可以得出验证结果了。"

在此需要读者注意的是，主编要求"调查两三个案例"。虽然主编要求增多研究对象，但他所谓的增多并不是为了实现统计推论。具体笔者将在第3章进行介绍，此处要强调的是，主编试图把一个个案例当做自然科学实验的研究对象进行处理，通过重复试验增强验证效果。

换句话说，主编要求新人去确认，在如下两个条件同时成立的情况下，即：

- 做了某些错事难以回头。
- 有同伴同样认为他们的信念是正确的。

其他案例中是否也出现了尽管预言并未成真，信徒反而更加热心于宗教团体活动的现象。进而言之，从逻辑学的角度来看，如果以上两个条件未能同时成立（比如，刚成为信徒没多久，还没犯下不可挽回的错误；又或者没有同伴持相同观念），信徒应该会退出宗教团体。若能从别的案例当中发现这一情况，那就进一步增强了假说的准确性。

举身边的例子而言，当我们要调查什么东西能浮在水面，什么东

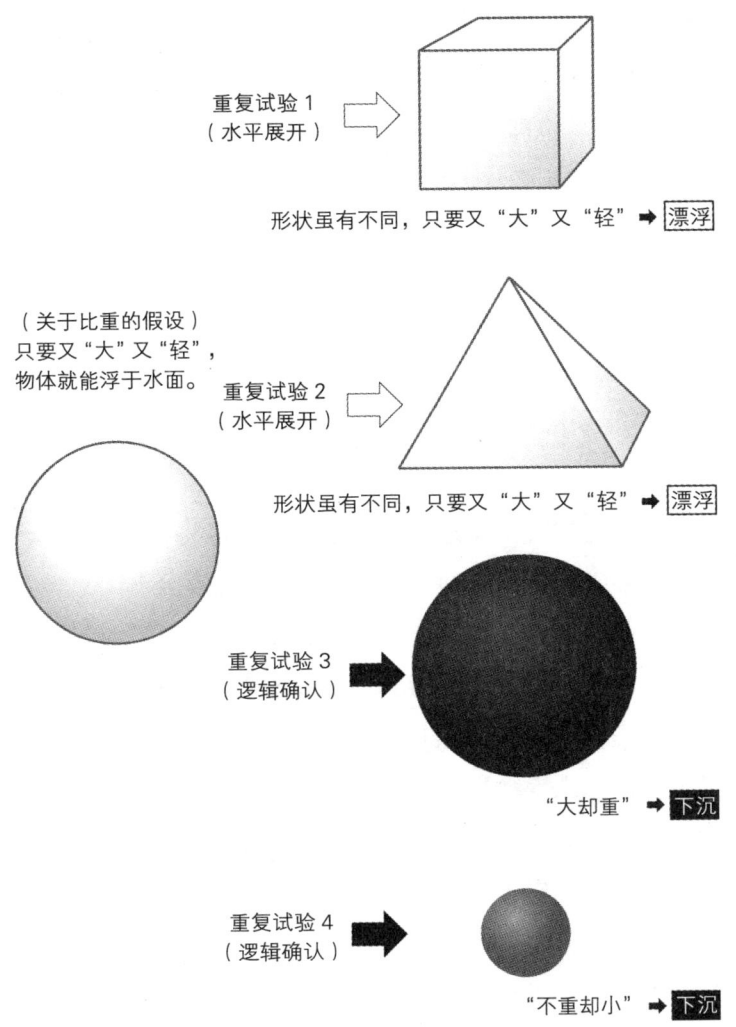

图1-2 重复试验的逻辑结构图

西会沉到水底时,我们假设"大"和"轻"这两个条件同时满足的话物体就能漂浮在水面上。重复试验所要做的就是,确认满足两个条件的物体无论形状如何是否都会漂浮(水平展开的方法)。即无论是正方体还是金字塔形的四角锥,是不是只要又大又轻,都会"漂浮"(图1-2)。

除了水平展开，重复试验法当中还有别的方法（逻辑确认的方法）。即证明当两个条件没能同时成立（或者两个条件都不成立）时，物体不会"漂浮"（也即"下沉"）。

该实验是为了验证"密度小于1则浮于水面"的原理。通过深入探索"物体为什么会漂浮"这一疑问，最终发现"原因在于有浮力"这一基本原理。

案例研究与统计学研究有何不同

关于统计推论与实验推论的不同之处，具体将在第3章进行介绍，不过，读者想必已经能感受到二者在基本构想上的不同。

其实，统计学研究与案例研究在手法上各有所长。统计学研究的优势在于，它能确定该方法观察到的"差异"与"相关关系"能被推广运用到何种程度，推论得知其适用范围。例如，与深入参与宗教团体的人相比，刚加入宗教团体的人在预言失灵后脱离该团体的概率更高。若要调查是否存在这一相关关系，则需随机收集样本进行观察。如果在随机收集的样本中确认了这一相关关系，那么就可以说该假说普遍适用于该时代的人类。

尽管统计学研究拥有这个优势,但它并不擅长解开事件背后的"因果机制"。关于为何只有深入参与宗教团体的人仍留在团体当中，统计分析得出的研究结果无法对此作出解释。

当然，可以采用问卷调查的方法，设置一个题目"为什么仍然热心于传教活动？请在对应选项上画圈"。可是，这种表层调查方式无法弄清连被调查者自己都没意识到的机制。"为何只有深入参与宗教团体的人仍留在团体当中？"关于这个疑问，统计学研究无法发掘到真正的缘由。

表 1-1 统计学研究与案例研究

	统计学研究	案例研究
观察对象的选取方法	任意抽取	有目标地选择
观察对象的数量	需要许多观察对象	数量较少也没关系
因果机制	很难弄清	容易弄清
普遍化	容易普遍化	很难普遍化

而案例研究则可以一边观察信徒的心情变化与态度等，一边追踪事件的经过，因此该研究方法能够解开其背后的因果机制。

由于统计学研究与案例研究各有优势，所以管理学等学界普遍认为，统计学研究与案例研究应该相互补充、灵活运用。一般而言，推导假说时需要采取案例研究，若要验证该假说能被推广运用到何种程度，那么就需要采用统计学的研究方法。

然而在商业等实务领域，往往没有条件展开调查。受时间期限、调查费用等限制，有时不能采用统计学的研究方法进行大规模实地调查。

而案例研究虽然普遍被认为只能应用于推导假说，但它也能起到类似验证假说的作用。第 3 章及其他章节列举的案例研究将说明这一点。

认知失调理论

虽然上文的杂志编辑部对话纯属虚构，但是在世界各地，历史上确实曾反复出现过当预言并未成真，信徒非但不放弃信仰，反而更加虔诚的现象。

利昂·费斯廷格（Leon Festinger）的研究团队并不满足于查阅史料，为了开展案例研究，他们曾潜入真实存在的宗教团体当中，收集相关的案例素材。具体内容请参见《当预言失灵》一书。①

他们潜入调查的宗教团体内部，流传着12月21日会有大洪水暴发的预言。该团体认为，会有一艘飞碟从天外飞来解救他们。可是，那天飞碟并未飞来，大洪水也并未暴发。尽管预言者辩解道："我们不知道计划的具体内容，但预言绝对没错。"可是信徒们的信仰还是开始发生动摇。

据说，预言者自己也不小心流露出沮丧的神色。然而，如果不做点什么，事态会变得不可收拾。最后关头，预言者声称自己收到了神的指示。"由于信徒们的表现极为卓越，于是神把世界从毁灭的命运当中解救了出来。"听了预言者的说明，有的信徒最终还是离开了组织。但大多数信徒喜出望外，选择相信这一说明。甚至比起以前更加热衷于传教活动。

为什么会出现这种现象呢？为什么即使预言失灵，众多信徒非但不肯离开组织，反而更加虔诚呢？

这是因为，如果信徒们知道预言是个弥天大谎，那么他们心理上的协调将被彻底打破。

这点可以用社会心理学中所谓的认知失调理论来进行解释。

请试着想象一下。那些因相信大洪水必将暴发而放弃工作学业、抛弃家产的人们是怎样的心情？本该作为"被选中的人"得到天外飞碟的拯救，然而预言当天飞碟并未出现，他们是怎样的心情？越是为了预言做出不可挽回的事情的人，想必越不愿意面对"那是个弥天大谎"的现实。心理失调的钟声随时都可能响起，而他们正在努力避免钟声的响起。

正因为他们很想相信预言是正确的，所以他们宁愿歪曲自己对种种事物的认知，也要保持心理的调和。而预言者在最后关头的那句说

---

① Festinger, L., & Schachter, S. & Riecken, H. W., 2012. *When Prophecy Fails*. Literary Licensing，LLC.

明恰恰给予了他们相信预言的契机。而且恰好当时有少年来访，信徒们把少年当做宇宙来客，执著地相信飞碟最终还是到来了。最后他们得出了一条结论，那就是因为他们极为虔诚，所以神拯救了世界。

越是为宗教团体做出巨大牺牲的人，越是想化解心中回荡的失调的声音。证据就是，离开组织的人都是没怎么付出过的信徒。当预言失灵，他们就立刻放弃了信念。

当然，纵使曾经做出巨大牺牲，倘若只是单独一人试图歪曲自己的认知，那还是很难实现的。为组织付出巨多、却没怎么和其他信徒接触的人无法化解心理上的矛盾，只会陷入混乱之中。因此还需要信徒之间相互交流，互相肯定彼此信念的正确性。

而且，如果还觉得不够，他们会大张旗鼓地对传媒发声，向社会寻求理解和认可，甚至欢迎外来访客。当预言并未成真之时，为了保持内心的平衡，那些秉持信者得救赎、自己是神选之人的宗教团体转而积极地开展传教活动，寻求社会的认可。

费斯廷格等人在潜入宗教团体开展案例研究后，将调查内容集结成书，于1954年出版发行。其后，他们对"认知失调理论"（cognitive dissonance）进行了系统的说明。简而言之，这是一种机制，即当人们内心出现相互矛盾的认知时，为了摆脱矛盾所产生的心理压力，他们会改变自身的认知。

该因果机制后来经由实验得到了验证，并且确认了其理论地位。然而我们不该忘记，这个理论最初是通过精心的案例研究才得以浮出水面，继而引发研究者提出了因果机制的假说。

"黑天鹅"的存在

对于稍微懂点心理学知识、学过认知失调理论的人来说，预言失灵后信徒反而愈发团结的现象没有什么值得惊讶的。

然而，在该理论被费斯廷格提出之前，这个现象对心理学研究者而言不正是不可思议的吗？由于这类宗教团体本身就比较奇特，他们的信仰也与常识截然不同。在普通人看来，愈发虔诚的信徒或多或少都是"不可思议"的存在。

此外，尽管一些专家已经阐明了认知失调理论，但是对于不知道该理论的人而言，该现象简直"不可思议"。

例如，有的家庭中子女被邪教组织蛊惑。这些子女的父母心想，"等他们发现地球并没有灭亡时，头脑自然就会清醒过来，并且回归家庭"。然而尽管预言并未成真，他们的子女反而更加热心于参加邪教组织。这种情况实在令人措手不及。

在本书中，被比喻为"黑天鹅"的就是那些对于被卷入事件的当事人以及相关专家而言"不可思议"的事件及存在。

有的"黑天鹅"是指大地震这类发生概率极低、却"有可能"发生的事件。有的"黑天鹅"是指，专家虽然了解其"可能性"，但普通人在事后才恍然大悟、明白其中道理的事件。由于普通人眼中的"黑天鹅"在专家眼中可能算不上"黑天鹅"，因此，本书把"黑天鹅"定义为当事人眼中"不可能"、"出乎意料"、"不可思议"的事件。

案例研究的优势

尽管案例研究如今屡屡获奖、备受瞩目，然而在此之前，案例研究就仿佛是神话中悲剧主人公般的存在。学界一度把案例研究当做"弱不禁风的小弟"，将其轻视为二流的研究手法。研究者们认为它缺乏正确性、客观性和严密性。

然而，案例研究法的权威罗伯特·K·殷（Robert K. Yin）在其著

书中曾提出如下的疑问：①

> 案例研究变得越来越普遍。这就意味着一个令人吃惊的悖论。倘若案例研究法真的存在重大缺陷，研究者为何仍继续采用这一研究方法呢？

针对殷的疑问，我个人的答案是：因为案例研究拥有其他研究方法所没有的解开真相的能力。

例如上文中所介绍的预言失灵后反而更加虔诚的现象，要弄清为何会发生这么不可思议的事情，就需要理解信徒的心理。案例研究的优势就在于充分联系前后关系展开调查，这也正是案例研究有"能力"揭开真相的秘诀。

当然，要回答"怎样"、"为何"等疑问，还有其他研究方法。那就是实验方法和历史方法。如果能创造出实验室环境并掌控住现象的发生，那么采用实验方法再好不过。然而假若无法掌控住现象的发生，那么实验方法就无法发挥出它的效力。例如"9·11"恐怖袭击事件是无法通过实验再现的，因此实验方法无法对此进行验证。

另一方面，历史方法无需把握前后关系，但是该方法不能应用于当前的现象。历史方法将研究焦点聚集在过去的事件上，在不可能采访到当事人的前提下，该方法关注的是如何灵活应用历史资料。

如前文所述，统计学的实地调查不适于解决"怎样"、"为何"等疑问。不过，该方法能解开"是谁"、"什么事"、"在哪里"等问题，并能回答"什么程度"之类"数量"方面的问题。确实，在UFO事

---

① 罗伯特·K·殷著，周海涛译：《案例研究：设计与方法》（第二版），重庆：重庆大学出版社，2010年。（Yin, R. K., 1994. *Case Study Research: Design and Methods* [2nd ed.], Sage.）——译者注

件中，要实地调查、甄别出预言失灵后信徒们仍继续热衷于传教活动的原因，还是比较困难的。首先我们不知道在问卷调查中能否提供出合适的选项供信徒们选择。就算提供了选项，恐怕谁也不会选择"为了保持内心平静"这一理由。而且信徒本人未必察觉到自己有这样的心理倾向。

当我们从案例研究中推导出假说，需要确认该假说能否普遍推广应用，我们需要统计调查的力量。反过来说，为了说明统计调查的结果，调查案例是有效的做法。

棉花糖实验

美国斯坦福大学曾经以幼儿（3~5岁）为对象做了个实验。他们在房间里放置了看上去特别美味的棉花糖，然后对孩子们说，"如果能坚持15分钟再吃，那就再给你一颗棉花糖"，接着大人们离开了房间。

为了能再得一颗棉花糖，有的孩子用手遮住眼睛，有的孩子转身面向墙壁，就为了不看桌上的棉花糖。还有的孩子为了忘记棉花糖是食物这件事，故意把它当成玩偶来玩。据说大约有三分之一的孩子没能忍住，吃掉了棉花糖。

12年后该大学展开了追踪调查，通过对比统一学力测试的成绩，他们发现，比起一分钟都坚持不了立刻把棉花糖吃掉的孩子，坚持了15分钟又得一颗棉花糖的孩子得分更高。开展该实验的心理学家沃尔特·米歇尔（Walter Mischel）于是得出如下结论，自我控制力强的孩子更容易取得较高成就。[1]

---

[1] Mischel, W., Ebbesen, E. B., & Antonette R. Z., 1972. Cognitive and Attentional Mechanisms in Delay of Gratification. *Journal of Personality and Social Psychology* 21（2）: 204–218.

不过，自我控制是由调查小组推论出的结果，而非经由统计调查直接导出。统计调查只是展示了能否等15分钟与统一学力测试成绩的相关性，至于自我控制是如何发挥作用继而影响到测试成绩的，统计调查并未对这一因果机制进行相关说明。米歇尔通过追踪这批调查对象，得以说明其中的因果关系（参见第7章）。

为了解开因果机制，针对连接原因与结果的过程，有必要展开追踪。自我控制是和其他哪些主要因素一起影响到学习习惯，进而导致测试成绩的不同？我们必须先弄清因果之间的联系。

适合调查这类因果关系的研究方法是案例研究。案例研究与统计研究不同，它并不展示某变量与其他变量能共变到"何种程度"，而是告诉大家，"何种原因"是"如何"产生影响的。

罗伯特·K·殷指出，当调查者调查无法统一处理的现代现象时，案例研究能在探求"如何"或"为何"等问题方面发挥作用。正因如此，案例研究才能和统计学研究等其他调查方法实现互补。

案例研究的三种能力

现在我们来进一步感受案例研究的魅力吧。在序言中笔者曾说过，案例研究具有三种能力。

（1）活跃人类大脑的能力（案例研究与思考力及观察力极具亲和性）

（2）应对复杂局面的能力（读解因果关系的能力）

（3）形成"类比基础"，开拓未来的能力（即使前例很少，也能推导出有效的假说）

（1）活跃人类大脑的能力（案例研究与思考力及观察力极具亲和性）

曾经有过一个关于人类学习的著名实验，要求实验对象依靠记忆力复盘国际象棋的棋盘。[①]实验者分别给高级、中级、初学者5秒钟的时间来记忆棋子的排列。当他要求实验对象复盘下了一半的棋局时，高级棋手看两三遍就能复盘，中级棋手看三四遍就能复盘，而初学者即使看七遍都难以完全复盘。

据说，人类短时间一般只能记忆7（7±2）组东西。不论是高级棋手还是初学者，其记忆力基本一致。尽管如此，当实验者要求他们复盘下了一半的棋局时，高级棋手的复盘率更高，这是因为高级棋手经验丰富，记住了大量的基本下棋套路。

并且由于他们已经记住了基本的下棋套路，因此无需在多余的地方使用大脑。如此一来，他们得以将有限的认知能力集中应用于关键部分。推而论之，运动选手会瞬间判断自己身处的境况并采取最合适的行动。医生同样也会如此。

本实验要求实验对象复盘某个棋局，其实该棋局同时也代表着这盘棋的状况和脉络。呈现在我们眼前的棋局昭示着从过去到现在的种种演变和状态。这就是所谓的前后关系。

因为有前后关系，所以才容易记忆。正是由于前后关系的影响，观察力才会提高，对事物的理解才会加深。人类擅长的是沿着前后关系来思考问题，而非如电脑一般，机械地演算和记忆。

笔者认为，人类的智能需要联系前后关系才能发挥作用。案例研究的第一种能力就是，思考力及观察力亲和性较高，能够活跃人类的智能。

---

① Chase, W. G., & Simon, H. A., 1973. Perception in chess. *Cognitive Psychology*, 4: 55-81; Gobet, F., & Simon, H. A., 1996. Recall of rapidly presented random chess positions is a function of skill. *Psychonomic Bulletin & Review*, 3: 159-163.

正因如此，包含着前后关系的"案例"拥有着活跃人类智能的能力。越是经验丰富的行家，越能从案例中读取到丰富的内容，做到直观地把握问题。由此，他们的智能得以激发，思考得以深入。

不过，经验本身并非总能起到积极作用。其实，关于棋盘复盘的实验还有后话。实验者要求实验对象复盘一局现实中不可能出现的、乱七八糟的棋局。高级、中级和初学者分别尝试了复盘，没想到高级棋手的复盘率甚至连初学者都比不上。出现不同实验结果的原因在于，该棋局太过脱离现实。也就是说，越是经验丰富的棋手，当他看到棋盘上出现奇奇怪怪的排列方式时，反而越会感到混乱。

商务领域同样如此。当置身于未知状况中，人们可能会由于依赖过去的经验和规则而发生误判，犯下错误。

因此，企业设想向海外发展或参与不熟悉的领域时，不能过分依赖以往的经验。应该仔细看清前后关系的不同之处，重新解读前后关系。既不能忽略前后关系的不同，又不能一味关注背景。应充分做到直面事态发展，联系前后关系进行理解。发挥这种人类独特的理解力可以说是案例研究的一大特征。

（2）应对复杂局面的能力（读解因果关系的能力）

案例研究的第二个能力是通过读解因果关系来应对复杂局面的能力。当我们需要从观测数据较少的现象（例如"9·11"恐怖袭击事件或"3·11"东日本大地震等）中学习经验教训，就预防措施及事后应对措施的风险管理进行思考，案例研究的手法可以发挥很大作用。

例如上文所介绍的宗教团体研究中，案例研究就发挥了作用。研究者在追踪预言形成的过程时发现：①预言形成、②预言失灵、③教徒不安、④教徒为了使自己的行为正当化而歪曲自己的认知，这四个现象总是不断重复。有趣的是，该宗教团体的预言曾屡次失灵。

根据费斯廷格的调查，7月23日上午，即研究小组潜入该宗教团体之前，预言者收到消息，UFO将于8月1日中午在陆军航空基地着陆。于是当天，12名信徒一同在路旁等了两个多小时，可是什么都没有出现。除了遇到过一个陌生男人，并没有发生什么特别的事情，信徒们失望地就地解散了。

然而在第二天，预言者收到了神之使者的消息："出现在路旁的人是我。"预言者欣喜若狂，信徒们的宗教活动也变得愈发活跃。

12月17日上午，一个自称某电视节目卡通人物的人打来电话，声称下午4点UFO将会在预言者自家的后院着陆。信徒们为了能赶上这趟UFO，急急忙忙做了诸多准备，并按时在后院集合。可是UFO没有到来。

接着又有电话打来，说是17号深夜UFO正在开往后院。于是信徒们又急急忙忙做好准备，在后院一直等到了凌晨3点。可是UFO还是没来。信徒们的内心已经濒临崩溃。

然而在18号晚上，外星人使者打来电话，声称"即将到达后院，让大家在那里坐等"。当天晚上抵达后院的，是一群拨打恶作剧电话的学生。可是预言者及其心腹深信少年们来自天界。尽管信徒当中部分人持怀疑态度，但是预言者以三寸不烂之舌说服大家相信这些少年是神之使者。也就是说，外星人17号虽然没来，但是18号真的来过了。

接着，他们迎来了前文所述的12月21日。结局如前文所述，最终预言还是失灵了。然而预言者说："由于信徒们的表现极为卓越，于是神把世界从毁灭的命运当中解救了出来。"听了这些话后，信徒们的心灵再次得到拯救。除了没怎么付出过的信徒，余下的大多数信徒愈发加深信念，致力于传教活动。

如此这般，通过追踪预言形成的过程，我们得以了解避免认知失调的心理机制。

在商务领域，也有许多因果关系无法仅仅通过收集过去的数据得到解答。在研究复杂社会现象的时候，案例研究能够帮忙解答过去所未曾注意到的因果机制。

（3）开拓未来的能力（即使先例很少，也能推导出有效的假说）

案例研究的第三种能力，是即使先例很少也能推导出有效假说，进而开拓未来的能力。

在政治外交领域，案例极受重视。原因在于，外交及战争等非常重大的问题不会频繁发生，因此难以采用统计学方法。

当政治家及外交官需要通过外交来解决纷争，或发动战争来解决领土问题，他们会选取世界上曾经发生过的案例进行参考，思考政策的制定。这就是历史类比（analogy）。以经营战略论而闻名于世的研究大家理查德·鲁梅尔特（Richard Rumelt）在其著作中曾有如下论述。①

> 在外交政策领域，面对复杂局面时，人们大多会参照过去的类似情况进行诊断。并且，会以一定程度上取得过成功的方法为基础，决定基本方针。因此，假如诊断得出，伊朗总统马哈茂德·艾哈迈迪－内贾德（Mahmoud Ahmadi-Nejad）是"第二个希特勒"，那么战争可能会被选为基本方针。然而，假如将其诊断为"第二个卡扎菲"，就可能会选择秘密接触、施加压力的方针。在外交政策方面，经济、外交、国防等部门往往联合起来采取统一行动。

日本外务省前国际情报局局长孙崎享主张在解决钓鱼岛（日方称为"尖阁诸岛"）问题时，应参考德法领土纷争中德国在阿尔萨斯—洛林（Alsace-Lorraine）问题上采取的措施，将其作为历史类比的基础。②

尽管我们不可能验证出这一主张是否正确，但是，只要灵活应用

---

① Rumelt, R., 2011. *Good Strategy/ Bad Strategy: The Difference and Why it Matters*, Crown Business.
② 孙崎享：《日本的国境问题：尖阁·竹岛·北方领土》，筑摩新书，2011年。

类比的方法，合理实施案例研究，纵然前例很少，也有可能推导出有效的假说。

所谓类比，是指从已知领域（base）和未知领域（target）中寻找结构上的类似性，促进理解和思考的方法。

其实有不少企业就是在类比思考的触动下掀起技术革新的。例如，当美国西南航空（Southwest Airlines）想要提高公司飞机的运转率却面临必须缩短维修时间的问题，类比思维这时就发挥了很好的作用。他们研究了汽车赛事"印第安纳波利斯500英里比赛"（Indianapolis 500-Mile Race，简称"印地500"）中的进站加油，联想到维修飞机时也可以让众多机械师同时协作。

类比不是用于验证的方法，而是用于发现的方法。由于在某个领域成立的事情不见得在其他领域也同样能成立，科学界常常将其视为"不确定的推论"，对其保持一定的距离。然而当我们需要在未知的领域推导假说时，类比就能发挥作用了。拙著《模仿的技术》[①]以及细谷功的《类比思考》（东洋经济新报社，2011年）也曾指出，尽管有些问题在某个领域是未知的，但在其他领域或许是已知的。因此人们往往会通过先行者的经历寻求答案；从不同地区发生的事件中得到启发；参考同行业更先进的案例等。通过向更先进的领域学习，可以在当前的未知领域作出更好的判断。

不过还需注意，进行类比适用时选取的案例不同，其判断结果也会不同。因此，有必要注意基准（base）的选择问题。

正因如此，我们才有必要牢牢掌握案例研究的逻辑，学习案例研究的方法。不能被表面上的相似性所迷惑。而应积累广大案例，形成"类比数据库"，根据不同的目标（target）进行相应的检索，选取合适的类比案例。绝对不能仅仅以熟悉等理由来选取基准。

---

① 井上达彦著，兴远译：《模仿的技术》，北京：世界图书出版公司，2014年。

在接下来的第2章到第6章，笔者将介绍几篇凭借案例研究的力量找出"黑天鹅"的获奖论文。所有论文最初展开调查时都认为"天鹅是白色的"，然而却意外地遇到了"黑天鹅"。那么，研究者们是怎样遇到"不可能"的事态的？又是如何建立起新的假说呢？笔者将一边介绍普遍论调、意外发现以及新成立的假说，一边解说"黑天鹅"的探索方法。

第2章

衰落教会的例外重生
打破常识的"唯一案例"

"即使努力也是白费心机"在欧洲表述为"As likely as a black swan"（像寻找黑天鹅一样困难）。因为,在他们看来,"黑天鹅"就是"不可能"的代名词。

可以想象得到,在他们发现"黑天鹅"的那一瞬间,曾受到怎样的冲击。哪怕仅仅一只"黑天鹅"从眼前飞过,那么"所有的天鹅都是白天鹅"这一通说便会不攻自破。

与此具有相同冲击效应的是查尔斯·达尔文（Charles R. Darwin）的生物进化论学说。达尔文在研究观察中发现,加拉帕戈斯群岛（Galápagos Islands）和南美洲的动植物,即使是同一物种也会有些许微妙差异。达尔文据此认为是为了适应当地环境,才产生上述差异。

例如,生息在加拉帕戈斯群岛上的雀类（Finch）和生息在南美洲的同种雀类为适应各自的环境,雀喙的形状有着明显不同。达尔文因此认为,加拉帕戈斯象龟（Geochelone nigra）、鬣蜥（Iguanidae）、小嘲鸫（Mimus polyglottos）等动植物具备同一物种内的多样性特征。

根据当时普遍的说法,生物的物种是不会发生变化的。达尔文通过长期的观察和研究,逐渐对这一说法产生怀疑,在此基础上其不朽的著作《物种起源》(1859)得以问世,达尔文在该书中提出了自然选择引发的生物进化论学说。①

《物种起源》一书不仅仅在专家学者之间，甚至在一般读者群中也备受关注。

那么，生物进化论学说为什么会给当时的社会带来如此大的冲击呢？这必须得跟当时的社会背景以及通说进行对比，才能知晓其中一二。

说起19世纪，那是文明社会中西欧基督教影响力超群的时代。基督教认为，包括动植物在内的世间万物皆由神创造，当时西欧基督教社会的人们对此笃信不移。关于此类信仰，其准则如下：

- 神有计划地创造了这个世界。
- 神以友爱之心庇护所有生物。
- 生物诸形态自神创造以来即不变（因神之目的而创造，故不会改变）。
- 人类作为特殊存在而被赋予特殊职能。

然而，达尔文却提出了用"自然选择"来取代"神创论"的主张。所谓自然选择，是指"在生物的生存竞争当中，拥有较有利性状的生物得以生存并留下子孙后代，不适者则走向灭亡"（日本词典《数字大辞泉》）。其背后所隐含的准则大致如下：

- 世界诸多样态系自然选择之结果，而非有计划创造之产物。
- 生物必须在"生存竞争"中谋求生存。
- 生物在"自然选择"的过程中不断发生变化。

---

① Darwin, C., *On the Origin of Species*.《物种起源》有多个中文译本可供参考，在此从略。——译者注

- 在"自然选择"的作用下,人类与其他生物并无二致。

当初,据说达尔文为了避开来自宗教界的反击,在《物种起源》一书中并没有提到关于人类进化的诸问题(在1871年出版的《人类起源》一书中,达尔文才首次提出人类与猩猩具有共同祖先,且由猿进化而来)。

即使如此,达尔文仍然在《物种起源》一书中暗示"人类极有可能是由猿进化而来",这一主张在当时看来是绝对不可能的。当时的人们普遍认为包括人类在内的万物皆由神创,达尔文的进化论无疑对"神创说"发起了挑战。

而加拉帕戈斯群岛上的案例,作为针对"神创说"的偏离案例就具有了十分特别的意味。

唯一案例的价值

唯一案例所具有的价值在不同的场合具有不同的意义。正如美丽的白天鹅一样,提起天鹅一般人都会想起白天鹅翩翩起舞的样子。然而,一旦哪怕只有一只黑天鹅出现,则势必颠覆人们的固有认知。这种唯一案例(单一案例)所具有的意义就呈现出来了。

关于案例研究的整理以及分类法,一般来说有(1)先端案例、(2)代表案例、(3)偏离案例、(4)原型案例四种类型。[①]

(1)先端案例

所谓先端案例,是指针对他人正在探讨的设想和主张而先于他人

---

① 关于这种分类方法可参见田村正纪:《研究设计:经济常识创造的基本技术》,白桃书房,2006年。

进行验证和实行的案例。当初看来"不可思议"或者"绝无可能"的事情，经过验证而普及化之后则被认为是"十分平常"的事情。以流通业界的历史为例，亚马逊（Amazon）和易贝（eBay）①堪称先端案例的典范。如果有若干不同的发展方向，那么可以参照不同的先端案例。无论成功也好、失败也罢，有前人的经验和教训值得学习和吸取，这种观察学习效应，是先端案例带来的好处。如果仔细考察和研究先端案例，不仅仅是促使其成功的机制（mechanism），也能发现一些陷阱和困境的机制。虽然先端案例不同于当前大多数的案例，但是它们极有可能发展成为将来的代表案例。所以，通过参照对比先端案例同当前代表案例的差别，亦可以思考今后的对应措施。

（2）代表案例

所谓代表案例，正如其字面意思所显示的，是与关注事项相关的典型案例。通过对代表案例的学习，可以使我们对关注事项的一些基本和典型状况有所了解。对于这种典型案例，有如下两个比较基本的思考法。第一，将某些普遍的关注事项视为典型的思考法。第二，将关注事项视为优越性存在的思考法。美国流通业界的折扣店（discount store）中，沃尔玛是其中的代表案例。值得注意的是，如果范畴（category）过大或者过小，或者过于模糊，沃尔玛作为典型案例就会失去固有价值。例如，如果就会员制折扣店而言，好市多（Costco）②可以作为候补。如果代表性越强，那么从该代表案例中获得的信息和知识，在应用到同类范畴的其他案例时就会更加适切。

---

① eBay，中文译为亿贝、易贝、电子湾，让全球用户可以在该网站购买和拍卖，1995年成立于美国加利福尼亚州。——译者注

② 美国第二大零售商、全球第七大零售商以及全美第一大连锁会员制仓储式量贩店，1983年成立于美国华盛顿州西雅图市，目前尚未进入中国大陆。——译者注

（3）偏离案例

所谓偏离案例，是指与其他大多数案例不同，且与通说相悖的案例。通过对偏离案例的调查研究，可以知道"既有理论"以及"业界共识"的有限性，从而可以取得理论上的某些突破以及经营方式上的创新。但是，与先端案例不同的是，偏离案例不太可能发展成为该类型产业范畴内的杰出代表。基本上这类案例会被一直视为"不太可能"的存在。以美国流通业界为例，以销售原创食品为主的"Trade Joe's"，以及因销售有机食品而知名的"Whole Foods"等连锁超市可以归入到偏离案例的类型。[1]总的来说，"黑天鹅"无论是现在还是将来，终究还是偏离案例。

（4）原型案例

所谓原型案例，是指导致所关注事项发生的最初案例。如果说革命，那可以是法国大革命；如果说股份制公司，那么可以是东印度公司，诸如此类作为各关注事项的起源，同时将该类事项的本质性特征体现出来的案例即原型案例。通过对原型案例的调查研究，可以加深我们对该类事项的本质、理念以及生存法则的理解。就欧美流通业界而言，以世界上最早的百货店而知名的"乐蓬马歇百货店"（Le Bon Marché）、美国纽约的"梅西百货公司"都可以划入到原型案例这一类属。[2]

在以上所述的四种案例中，偏离案例颠覆了固有观念，重新确

---

[1] Trade Joe's：美国的一家私营杂货连锁店，2009年成立于美国加利福尼亚州，因物美价廉而著称；Whole Foods：美国的一家私营食品连锁店，1980年成立于得克萨斯州，因销售有机食品和健康食品而著称。——译者注

[2] 乐蓬马歇百货店：1838年成立于法国巴黎，被称为世界最早的百货店；梅西百货公司：1924年成立于美国纽约，被称为当时世界最大的百货公司。——译者注

立了新的认知准则，因此对该类案例的研究受到社会的高度关注和评价。

实际上，在获得最优秀论文奖的论文中，也不乏对偏离案例进行的研究。那么，接下来让我们看一下这种"唯一性案例"是如何在学术界为自己赢得一席之地的。

最优秀论文奖获奖论文

美国管理学会每年都会从其会刊《美国管理学会学报》（AMJ）所刊载的大约60篇论文中，择优选出一至两篇并授予"最优秀论文奖"。为了更好地理解"唯一性案例"所具有的价值，本章将介绍得克萨斯大学普洛曼教授所率领的团队关于组织变化的研究（该文获得2007年最优秀论文奖）。[1]需要注意的是，AMJ的案例研究只关注现象本身，论文中出现的企业、团体名称均为化名。

首先，官方的授奖理由如下页所示。

组织变化是管理学中关注度最高的课题之一。美国管理学会也有相当数量的学术权威进行了颇有建树的研究。其中一项公认的说法如下所述：

> 细微的变化如果仅仅通过渐进积累，是不会发生根本性变化（完全的变化）的（radical change）。

关于这一通说的代表性概括被称为"间断均衡模型"（Punctuated

---

[1] Plowman, D. A., Baker, L. T., Beck, T. E. Kulkarni, M., Solansky, S. T., & Travis, D. V., 2007. Radical Change Accidentally: The Emergence and Amplification of Small Change. *Academy of Management Journal*, 50（3）: 515-543.

> **授奖理由**
>
> Academy of Management Journal BEST ARTICLE AWARD FOR 2007
>
> 该研究选择无家可归者（homeless）作为研究对象，以地方教会为其提供食物为研究案例，从而挖掘出对管理学的某些启示。对于本学会而言，也是十分新颖且具有独创性的案例研究。该研究有充分的数据作为支撑，且独特的论述方式具备足够的吸引力让读者产生读下去的欲望。文章采用了较为复杂的理论，可谓一种革新性的尝试，但是应用到本案例中则恰到好处。
>
> 关于结论的核心部分让人出乎意料，同时毋庸置疑是十分重要的。读者从中可以发现"所谓急剧的组织变化，其实是在无意识的前提下，有创造性且缓慢进行着的变化"。这种变化有违人们的直觉，但是作者们通过精心设计的研究方法、丰富的调查数据、恰到好处的理论运用以及让读者产生阅读兴趣的行文方式，让该论文在具备说服力的同时也不乏趣味性，实为一篇意味深长的上乘之作。课题负责人是一位经验丰富的研究人员，这是他所指导的五位年轻研究人员团队合作的结晶，从这一点来说该论文在研究范式上具备原创性，同时也为教学上的论文指导提供了标准的范式。
>
> （Academy of Management Journal 2008, Vol. 51, No. 6, 1051）

equilibrium model）。① "间断均衡模型"主张在长期渐进性的变化之后，会有一些破坏既有框架的非连续变化产生。在这种状况下，要适应这种非连续性变化的环境，组织并非连续性且渐进性地变化，其战略、组织构造、过程、管理以及人才等各要素都有同时变化的必要。迈克尔·图什曼（Michael Tushman）是该模型的最早提倡者，他提出"急剧的变化只可能发生在非连续的场合"这一主张，图什曼本人也因此

---

① 间断均衡模型又被译为"断续均衡理论"，最早由古生物学家考察生物进化时提出，本文系其在管理学领域的应用。——译者注

成为"组织变化理论"的权威。①其后又陆续有为数众多的研究者推进图什曼的上述主张，认为有计划性和前瞻性的领导者所进行的能动性推动才是导致根本性变革出现的主要原因，这也在一定程度上证实了图什曼本人主张的正确性。

这种主张跟本章开头所介绍的"神有计划地创造这个世界"这一神创说多少有些相似。对于一个组织而言，如果领导者没有明确的蓝图愿景且不能够有计划地推进，那么根本性的组织变革不可能发生。当然，小范围内或者小集团层次的变革是个例外，但组织整体在没有领导者计划性前提下的根本变革是难以想象的。

然而，普洛曼等人对该说法提出了质疑。他们的研究也是出于机缘巧合，碰巧有教会委托他们做调查研究，普洛曼团队却在该调查中观察到了这些从常理上来说不太可能发生的组织变化。简单地说，是指小小的变化以一种意料之外的方式结合在一起，最终导致了根本性变化的发生。

这正如本章开头所介绍的进化论一样，他们像达尔文那样通过自己的研究调查，留意到细微变化所具有的重大意义，从而发现诸如进化论那样没有计划的前提之下发生变化的因果关系链条。

那么，初期的细微变化是如何逐步升级并最终导致组织内根本性变化发生的呢？在进入详细说明之前，为便于读者理解，可参见图2-1的演示图。既有教会和新生教会相比较的话，教会的基本属性（集体身份、信徒的构成、主要财源）发生了变化。

而导致变化发生的一个关键词是"增幅"。也就是说一些非常细微的变化不断增幅，从而产生巨大的变化。普洛曼等人的研究显示，导致变化增幅的原因主要由教会所处的社会环境、教会相关人员的行

---

① Tushman, M. L., & Anderson, P., 1986. Technological discontinuities and organizational environments. *Administrative Science Quarterly*, 31: 439–465.

图 2-1　导致变化增幅的要因

为以及环境与行为间的相互作用这三个要素导致。

据此,该研究团队将该案例作为"偏离案例"来挑战常识。

由于本书主要关注案例研究的方法论问题,所以笔者并不打算深入探讨普洛曼等人所使用的复杂理论,而是在介绍案例的过程中将导致变化发生的诸要素进行解释说明。

作为案例研究对象的故事情节

该案例所选取的研究对象是一个关于教会的真实故事,该教会兼具历史与传统,论文中将其化名为"传教教会",位于美国西南部某大都市的中心区。教会两旁皆是著名酒店,经常举办高雅的婚礼以及举办面向政府机构及企业管理层的讲习会。教会对面的公园经常有观光巴士经过,游客们从那里坐车欣赏城市中心区的风景。相隔几个街区就是旅游景点、高级餐馆以及精品时装店林立的都市繁华区。

在几十年前,该教会还是为城市上层阶级而设的教会。但是,随着城市中心区的治安恶化,人们逐渐开始向郊区迁居,他们前去礼拜的教会也变成了位于郊区的教会。就这样,大约50年以后,该教会可以说已经相当程度地衰落了。

但就是这样的教会开始萌生出变化的征兆。

这是某日晚餐时的讨论,教会的年轻信徒们提到关于礼拜日早晨的活动。一些信徒提出:"有一些信徒不愿意参加诸如教会学校这类有历史传统的活动,那么针对这些人能不能开展一些替代性的活动呢?"

这时有人建议:"我们是否可以给途经教会的无家可归者提供食物?"当然,他们的出发点不是简单的施舍,而是让那些无家可归者有尊严地享受免费的食物。所以,他们并没有把这个活动定性为"施舍",而是以"个人"的名义招待那些无家可归者。他们把该活动命名为"Café Corazon",在获得牧师的认可后开始正式实施。

就活动本身而言似乎并无值得书写之处,只是稍微不同于一般教会的行事风格而已,因为过去的教会一般来说是不欢迎无家可归者的。

过去,礼拜日的早拜是不可能有无家可归者存在的。当然偶尔也有无家可归者前来索要食物,但教会一直认为这是妨碍教会活动的行为而拒绝。即使有工作人员接待这些无家可归者,也不会让他们靠近教会的大门,因为教会担心这会让前来礼拜的一般人士感到不快。[1]

该活动的发起人是一群年轻人,他们周末在街头发放宣传单,第一次的早餐就有75名无家可归者前来造访,很快参加人数就超过了200人。就这样,活动发起人以及他们的朋友们在接下来的一年中自己筹集资金为无家可归者提供早餐。

从志愿者开始提供早餐起大约6个月后的一个礼拜日,一名内科

---

[1] Plowman et al.(2007),p. 526.

医生带着听诊器、医药包等器具来到活动现场，开始为健康有问题的无家可归人员提供诊疗救助。

礼拜日的诊疗急剧扩大，该内科医生呼吁其他医生前来参与这项活动，最后牙科、眼科等的诊疗也加入到该行列，至此礼拜日的活动开始成为大范围的诊疗活动，每年有1,000多名无家可归人员接受这种免费的救助治疗。

后来，教会成员中的一名律师，为了继续开展该项活动，向市政府申请了补贴金。获得补贴金后，这项活动影响力日益扩大，5年后该教会在市政府的资金支持下，成立了为数千名无家可归者提供20,000顿餐食的"日间照管中心"（Day Center）。

在餐食和医疗服务的基础上，洗衣以及淋浴设施乃至法律援助和职业技能培训都被纳入活动的服务范围。无家可归者们也积极地开始参与教会的各项活动，他们加入教会的合唱团（church choir），并且为做礼拜的教徒们做先导。

由于前来礼拜的人员构成发生了变化，礼拜时的着装守则（dress code）、礼拜风格乃至教堂的音乐都发生了巨大的变化。每周前来教会做礼拜的无家可归者都达到几百人之多。

当然，过程中并非完全没有问题。该活动在受到社会、媒体关注的同时，周围高级酒店和事务所的投诉也层出不穷。抛开好坏不说，该教会对其使命已经做了根本性的改变，较之以前已经发生了脱胎换骨的变化。

该研究的主张和贡献

就该教会而言，细微的变化可以说是同时发生。例如，提供早餐、提供诊疗以及申请补贴等。

为什么说这些都是"细微的变化"呢？这主要基于以下四个理由：（1）该活动并不需要教会的资金支持；（2）教会本身的活动和计划并无变更的必要性；（3）该活动并不触犯教会的权威，而是由个体成员发起的；（4）该活动并未有意识地设定目标以及实现该目标的路线图。

普洛曼的研究团队通过调查采访发现，活动的发起者并不认为也没有意识到这些细微的变化会导致教会本身发生如此重大的变化。教会所发生的变化，并非意图性的，也并非可预测的，但是就这样发生了根本性的变化，甚至影响到其所处的社会环境的变化。

这一系列变化本身可以说是有违通说的偏离案例，作为"不可能之现象"值得特别留意。因为，教会所显示出的变化有违之前所述"急剧发生的变化并非缓慢发展而来"、"根本性的变化并非细小变化慢慢积累而成"以及"领导者能动地促使变化"等各类主张。

那么，初期的细微变化为什么、又是如何不断升级并最终导致组织变化发生的呢？

该研究团队通过不断地分析，得出如下几个结论：

（1）这些细微的变化受到教会所处社会环境的影响而增幅。
（2）这些细微的变化受到教会成员行为的影响而增幅。
（3）这些细微的变化受到环境和行为的相互作用而增幅。

他们认为这些细微的变化受到上述机制的影响而不断扩大，从而逐渐地发生根本性的变化。

导致变化增幅的环境

最早导致变化发生的环境应该说是一种不安定性。这种不安定性最容易产生一些具有潜在的创造性的变化，并最终导致根本性变化的发生。

具体来说，首先是教会内部因教会衰落而产生紧迫感。该教会的财源以前主要来自大额募捐，因此曾经有过很长一段资产丰厚的时期。但是，有影响力的金主陆续搬迁，导致该教会的资金来源日趋减少，最后甚至威胁到日常性的运营。

其次，教会领导力不稳定。现任教会牧师是一对夫妇，1995年这对夫妇经由上层教宗派遣而来，而在此前的三年间竟然陆续有两名牧师进驻该教会。此外，夫妇二人共同担任牧师这一情况本身也算是异常，在教徒中间存在质疑的声音。

关于教徒的集体身份也是值得关注的问题。作为牧师，相较于给无家可归者提供免费早餐，他们更倾向于在组织内部发展信徒，并且主张非排他性，从而把同性恋者也纳入到信徒的行列中。关于这类主张，在教会内部引起了较大的分歧，其中有会员指出"教会曾设计过若干关于未来发展的方案，最终都无果而终"。不容否认，教会本身这种脱离中上层阶级的倾向在教会内部引起了些许不安。

在此基础上，围绕教会信徒身份定位问题引起的内部冲突（conflict）甚至让历史问题的遗恨有复燃倾向。

1964年该教会同上层组织即教宗本部产生了尖锐的对立。本部指出"任何教会都不得因人种、种族为理由将教徒排斥在外"，但是该教会的领导人与支持种族歧视的团体"三K党"（Ku Klux Klan）[①]的领导人一道对抗教宗的指令。虽然最终该教会向教宗妥协，但是"三K党"前领导人逝世后，该教会的礼拜堂（chapel）内贴上了其名字以示悼念。

---

① 三K党：美国历史上以及现在依然存在的奉行白人至上主义以及基督教恐怖主义的民间团体，也是美国种族主义的代表性组织。

教会身份定位引发问题后，有人对礼拜堂内张贴"三K党"领导人名字的行为表达了质疑。

导致变化增幅的行为

教会的成员以及领导者的行为也让最终的变化产生增幅效应。例如，内科医生在礼拜日进行的诊疗，使得专业的医生以及药品等"新资源"开始进驻教堂。另外，该内科医生呼吁同行展开诊疗的行为也为这些变化产生增幅效应。向市政府申请补助也是如此。这种申请补助的活动，也在另一方面显示了教会上层开始正式认可并且积极努力配合这一慈善活动的决心。

获得市政府的补助之后，教会有了更加充实的资金保障。教会内的各类设施也随即更新，礼拜活动用的服装室成为眼科医生的诊所，更衣室成为淋浴室，乐队指挥的工作室成为了医生的办公室，而一些教室则被改装成可以放置衣物的独立壁橱。

最终该教会在市政补助的支援下成立了"日间照管中心"。大批无家可归者的造访已经超过最初申请时的限额，该中心也越来越依赖市政府。

一些令细微变化正当化的语言可以让变化得以扩大。因为语言是人们内心的一面镜子，语言会将我们所想的东西展现出来。所以说，语言赋予变革以意义。

普洛曼的研究团队在调查采访时注意到，教会相关人员所使用的语言和修辞具有一定的倾向性。牧师以及教会其他人员在接受采访时频频使用"整顿"、"全人格"、"重生"、"恢复"等词汇，这都昭示着根本性的变化。

不仅仅是语言和修辞，一些预示着新方向的"象征性行为"

（symbolic action）也值得特别注意。

所谓"象征性行为"是指意在传达超越行为本身意图的行为。

例如，在本案例研究中，在商业精英和地方领导人主办的早餐会上，该教会牧师带领着12名无家可归者参加这种高尚的早餐会（象征着12使徒）。这一行为并非意在突出"一块吃早餐"这一物理性的举动。当地报纸以"无家可归者和精英们共享早餐在现实中发生了"（Homeless Crash Breakfast, Leave Elites a Reality Check）的大标题予以报道。牧师的这一举动传颂至今。

此外，"象征性行为"还有化解冲突的作用。教会将刻有"三K党"领导人的名牌摘去，同时在圣餐式中使用其姊妹教会寄赠的杯具，该姊妹教会的主要信徒多是非裔美国人。正如某教会成员所说的那样，"圣餐杯是一个象征，即使有过相互憎恶和丑陋的过去，圣餐杯作为一种象征也能够将其转化成爱与美的现在"。

偏离所带来的启示

在不安定的环境下，一个细微的变化会诱发其他细微的变化，且变化会产生增幅效果。这种变化的方式，自然会挑战一些关于领导者作用的固有说法。

在管理学中有这样的说法，就根本性的变化而言，管理学一般强调领导人诱导变化发生以及制定事态发展方向的能力。但是，普洛曼所率领的研究团队所关注的领导力（leadership）则集中在细微事态的变化，以及领导人在语言修辞上的表现。

例如，牧师们用教会箴言"正义得以实践"来形容医生给患者诊疗这一行为。牧师们在语言修辞的使用上很有功底，对于发生的变化予以积极地认可和肯定，这为后续变化的发生奠定了可能性。

牧师们作为领导人发挥的作用，是在变化发生时赋予该变化积极肯定的意义。这不同于一直以来关于领导力研究中所提倡的"领导者对变化的方向作出指示"又或者"领导者自身可以导致变化"等通常主张。牧师夫妇并非不食人间烟火，他们没有回避或者拒绝礼拜日免费餐食的主张，而是欣然接受了成员的建议。他们也没有把这种异样的行动视为转机，因此没有明确的目标、计划、预算以及战略等所谓传统的行为策略，而是选择使用语言和象征，对当时发生的变化赋予积极意义，从而确保组织的一贯性和连续性。这样，就变化的方式而言，它是首尾一贯的，对组织内部成员而言，也减少了变化过程中的不确定性和模糊性。

居于最高层次的学术研究范式

以上所介绍的是由细小变化增幅而导致根本性变化的过程。这项研究是在慎重收集调查数据和细致分析的基础上展开的调查。正因为如此，才敢说该案例是"偏离案例"。

具体说来，就调查问卷而言，对所有的受访者都准备了共同的问卷内容。但是，问题并非仅仅要求回答"是"或"否"的封闭式问答（closed end），而是要求开放式问答（open end），对什么（what）、谁（who）、何时（when）、何地（where）、怎样（how）等进行详细询问，倾听受访者见解。

所有采访都会被录音，且根据录音内容进行整理。同时，所有的采访都有两名研究人员参与，采访后双方会确认事实以及对采访的印象。

关于记录方法则采用案例研究领域的权威——斯坦福大学凯瑟琳·艾森哈特教授所设定的方法。[1]

---

[1] Eisenhardt, K. M. 1989. Building theories from case study research, *Academy of Management Review*, 14: 532–550.

- 在24小时内完成详细的采访手记。
- 采访中获得的数据不得有任何遗漏。
- 各自采访手记的结论应当以调查者全员的印象为基础。

回避"精英偏见"以及"回顾偏见"

接下来，该研究团队对各种可能会产生的偏见进行了细致的考究。首先，作为局外者的调查人员深入组织内部，要尽可能地不诱使受访者产生非寻常的举动。为了将这种影响降到最小，调查人员最低限度地公开他们的身份，也尽可能地不让自己太过显眼。

所谓精英偏见，通常是指在采访过程中只关注组织的领导人或者居于上层领导的观点，从而产生与实际情况相背离的结果。普洛曼的研究团队在一开始就注意到"精英偏见"可能会带来的弊端，对教会以及"日间照管中心"的所有工作人员都进行了采访。对于一些发现的事实，通过多重数据渠道予以确认，而不是单纯找领导人进行确认。另外，研究团队内部会对发现的事实以及结论仔细分析、探讨以得出更客观的解释。

研究团队在"回顾偏见"的问题上也颇费了一番功夫。由于人类的记忆是非常具有模糊性的，关于谁在何时何地做了什么事情等事项，即使知道也不太可能得出绝对正确的信息。另外，即使被问到原因和结果，也极有可能是根据现在的认识而对过去作出回顾和理解，不太可能是当事人在当时的真实感觉。

要避免这种"回顾偏见"，就需要对事件发生当时所留下的记录资料进行事实确认。如果是采访，能够实时地对信息进行收集是最理想不过的，但是这种状况十分少见，一般都是在事件发生后半年内进行信息收集。

普洛曼的研究团队所进行的调查，其变化大都发生在半年以上，因此为了避免"回顾偏见"的发生，他们制定了如下对策：

- 采用自由报告（free report）的形式。
- 对两人以上的受访者就同一问题进行询问，以验证事件真实性。
- 如果是二手信息来源则通过采访的形式予以确认。

这里所采用的自由报告是指让受访者对过去的事情进行自由诉说的一种形式。记忆模糊或者想不起来的可以不说，这是自由报告的优势。相反，如果强迫受访者诉说，那么所有问题都变成不得不回答，最终一些十分模糊的记忆也以肯定或否定的形式回答出来，这会影响调查的真实性。

归因的顺序

对案例进行分析的顺序也是体系性的。首先，要考虑应该以何种视角对该案例进行分析。在分析组织行为时其实有多种不同的透视方法（lens），该论文选取的主题是组织变革（关于该问题下文将详细叙述）。

其次，通过调查采访和新闻报道获取信息后，以时间为序列对这些事件进行整理。由参与调查的五名成员做成年代大事记，然后根据各自的理解完成叙事。

五名成员各自的叙事当然有一致的地方也有不同的地方。普洛曼为了寻找引起组织变革的要因慎之又慎，最后将关注点集中到五人都一致认同的原因上。那就是上文提到的四个环境要因（衰落带来的紧迫感、内部冲突对立、领导力、集体身份认同）和三个行为要因（资源配置、言语表述能力、象征性行为）。

他们对上述要因的归纳并非建立在假说的基础上。为了证实这些要因是导致组织变化的根本因素，他们对采访数据和新闻报道字斟句酌、逐字分析。他们找到与上述四个环境要因和三个行为要因相关的发言，逐一证实其内容的真实性，并且对数据进行了详细的统计（表2-1）。

例如，在调查采访的场合，如果教会的某成员指出"新的教会领导人改变了信仰的宗旨"，那么这应当属于领导力的范畴，可以视为一个引用数。同样，如果某成员指出"我们还需要更多的资金和援助，教会在资源利用上还有更多的挖掘空间"，那么这应当属于资源配置

表2-1　操作编码化的详细内容

导致变化增幅的原因	采访中被引用的次数	新闻报道中被引用的次数	考察对象
环境			
衰落带来的紧迫感	28	1	教会内部成员会议上的讨论
内部冲突对立	84	16	无家可归者的喧哗、公园警察、日间照管中心制定的规则、教会内部成员会议上的讨论
领导力	74	3	与无家可归者的沟通、配合电视采访、教会的宣传册
集体身份认同	112	16	教会内部成员会议上的讨论、上层领导间的会晤
行为			
资源配置	105	6	经理人与工作人员间就间接经费展开的对话、教会内部成员会议上的讨论、免费餐食活动的扩大
言语表述能力	32	8	名片、广告牌、教会的资产、与领导人面对面的对话、教会的宣传册
象征性行为	30	16	教会领导人与无家可归者的沟通、作为无家可归者代言人的教会领导人、曾经为无家可归者的教会人员、市区内张贴的地图

笔者根据Plowman et al.（2007），p. 525的内容自制

的范畴，故可以视为一个引用数。

将文字信息归纳到特定概念范畴的工作被称为操作编码化。在普洛曼的研究团队中，两人一组对采访获得的数据进行详细分析，然后根据各自的发言将其纳入不同的范畴。这种方法也被称为"双码策略"（dual coding theory），即事先安排好两位操作人的操作顺序进行编码化操作。

特地安排两位（或以上）操作员进行编码化是有原因的。如果由一个人进行编码化，那么其归类是否正确值得怀疑。如果集二人之力，则可以更大程度上避免操作过程中出现的偏颇，结果的真实可靠性更有保证。

也就是说，两名操作者对各自承担的采访工作进行分类整理，在此基础上两人相互比较，在两人都同意的基础上对发言进行分类。对于无论如何都难以达成一致的情况，该采访将不会被视为分析的对象。这种方法适用于所有的调查采访（共计22人）。同时，与该教会相关的新闻报道也用相同的方法进行编码化。

编码化的结果如表2-1所示，考察对象涉及面很广，从教会内部人员的会议到宣传册的发放都在编码化的范围。调查员们一方面通过阅读和观察（比如广告牌、宣传册、新闻报道），另一方面则通过对教会相关人员的面对面采访而获取信息，并将这些信息编码化。

关于案例研究的一点建议

普洛曼等人的研究的确值得赞誉，那么作为职场人士，能够从获得最优秀论文奖的这篇论文中学到什么呢？笔者认为，最重要的是能够找到打破通说和业界常识的偏离案例。

事实上，要找到能够称得上"偏离案例"的情况实属不易。看到该教会在做这类慈善活动，谁人不会为之感动呢！即使是把它当做一个真实历史故事来讲述，该案例所具有的新鲜感或者说"偏离感"也毋庸置疑。

但是，很多人都在听说了或者阅读过该故事后就没有下文了。或者说，确实值得感动和敬佩，但是要自己来做恐怕有点不太可能。当然也有人会说，那个教会的情况比较特殊，然后就不了了之。这些人仅仅满足于该教会的特殊性，而没有深究其背后的内在机理。当今社会这样的例子不胜枚举，他们仅仅把这类案例视为"单纯的例外"。

在应对这类案例的时候经常会遇到这样的陷阱，即仅仅满足于追问"类似的案例是否还会发生"，如果仅以这类视角来判断偏离案例，即使是再经典的案例也很难从中学到实用的知识。

那么，我们该如何在避免陷阱的基础上，深刻领会案例的精髓之处呢？

首先，要在平凡小事中发现感动和惊奇。如果你觉得感动，或是发现某种关联，请不要把它视为"单纯的例外"。而是应该抱有这样的态度，"这种案例肯定有值得学习的地方"。即使真的是例外，那么从例外中发现价值的精神也是至关重要的。要想实现这一点，该如何行动呢？

笔者在这里准备了一个核对表（check list），读者们可以根据下述问题进行操作。

- 该案例的哪一部分让你很有感触？
- 为什么会产生这种感触？
- 与通常案例相比特别之处在哪里？

通过对上述三个问题的追问，一些不经意的感触、无意识的感触甚至难以言表的感触都可能转化为有意义的感触、有意识的感触以及可供分析的感触。就本书而言，也是选取了貌似十分不足取的事件，但是却被作为案例研究的对象来分析。

接下来有三个步骤展开对案例的分析。

- 这种特别之处会导致怎样的结果？
- 这种特别之处为何会得以实现？
- 这种特别之处对于你本人的企业和组织运营以及个人事业发展具有怎样的意义？

这三个步骤正是案例分析的精髓所在。

首先，需要思考的是案例的"特别之处"会导致怎样的结果。其次，分析该"特别之处"得以实现的原因和环境。这一步对于日后参考该案例的可取之处具有十分重要的作用。最后，参照该案例的运行模式，日后自己是否有实践的可能性。

无论是学术研究还是职场实践，明确案例研究的特别之处是发现案例价值所在的出发点和突破口。而对于如何发现特别之处，笔者有如下两点建议可供参考。

意识到例外的存在

对于职场上的精英而言，十分重要的一点是，要有发现"例外存在"的能力和素养。要具备这样的发现能力，十分有必要对业界的通说或者说市场的一些常识有很好的了解。

对普洛曼的研究团队而言，正是因为他们对管理学的理论知识驾轻就熟，才发现了上述案例的研究价值。而普通的研究者即使遇到这样的案例，他的认知恐怕也就仅仅停留在故事的趣味性上，不会发现"例外"所具有的价值，甚至不会将其视为"例外"。也就是说，一般的研究者不会将这种渐进式的变化积累与根本性的创新联系起来。

在职场上亦是如此。留心观察、质疑常识非常重要。假如你是软饮料的开发者，如果某人在小酒馆喝完酒后喝"宝矿力水特"[①]，你会作何感想？如果家里人生病，比如感冒发烧时喝一瓶"宝矿力水特"又会如何呢？

虽然说是运动饮料，但并不意味着只在运动的时候才能饮用（非运动状态下饮用运动饮料的不在少数）。三得利（Suntory）公司的研究团队从这类案例中得到启发，从而发现了"净化体内物质"这一隐性需求。为此，该研究团队开发了以均衡体内营养为目的的饮料"DAKARA"。既有的运动饮料主要强调运动时的水分供给，但是"DAKARA"的功能性体现在其可以清除积蓄在体内的未摄取物质，同时吸收维生素和矿物质。[②]

普通与例外之间还是有着相关性的，重视这种相关性十分重要。对通说持有"正常的话应该这样"等冷静的理解，在此基础上还需要若干针对通说的问题意识。

达尔文发现加拉帕戈斯群岛上的动植物与南美洲稍有不同也是在他回到英国之后的事情。达尔文在对当时的通说和常识逐一进行考察之后，明确了加拉帕戈斯群岛上生物的独特性，并最终解释了生物进化的机制。在这一过程中，达尔文的观察记录发挥了重要作用。

发现案例的透视法

还有一个值得注意的问题是，要具备发现案例的透视法，或者说视角。在案例研究中，我们必须明确以何种视角看待问题更容易发现

[①] 宝矿力水特（POCARI SWEAT，日文为"ポカリスウェット"）：日本大冢制药于1980年研发的一种功能性饮料，在日本饮料市场占据一定份额，在中国大陆、香港、台湾、韩国等国家和地区均有代理销售。——译者注

[②] 关于该案例的研究可参见，野中郁次郎、胜见明：《技术创新的本质》，日经BP社，2004年。

或者提高案例的潜在价值。

　　事实上，普洛曼的研究团队在考察教会这一案例时对于采用何种视角也经过了慎重思考和讨论。最终，他们将22人的采访记录重新阅读，将各自的发言按照主题分类。作为分析的视角，他们把这些主体划分成：组织变化、结构、目标使命及蓝图、集体身份、解释、挑战、社会及情绪状况、业绩、外部合作者、社区共同体等十大类型逐一予以剖析。

　　其中将"组织变化"设定为主题，是因为他们认为组织变化这一视角最有可能提高该案例的研究价值。由于这一主题有许多下层分类构成，这种内部和外部的采访数据可以为该主题提供详实的佐证资料。

　　鉴于该论文获得了最优秀论文奖，可以说他们的主题选择和判断是正确的。但是，正如他们在论文中所列举的那样，除了"组织变化"这一视角，还有其他九个有意义的视角值得分析。

　　在实务领域也概莫能外。即使只有一个案例，从中可以学到的东西也不计其数。特别是一些能够让你读后兴趣昂扬的案例，案例中出现的场景或许与你自身或者你所在的组织牵涉的问题视角密切相关。在这种情况下，最好不要一个人特立独行、孤军奋战，正如该研究团队所展示的那样，应该集群体之力发现更多有价值的视角。

第3章
报社决策过程中的"扭曲现象"
面对危机时的"惯性法则"

请设想一下，如果在深夜听到求救的声音，你打开窗户发现路上有一名女性被暴徒侵犯，而且你周围的邻居都有可能注意到该事件。

在这种场合下，你会作出何种决定？

肯定多数人都会说"报案"或者采取其他制止暴行的行为。然而事实上，不作任何反应的人居多。

1964年在美国纽约发生了令人震惊的"凯蒂·吉诺维斯事件"。一名叫做凯蒂·吉诺维斯的女性在下班回家的路上遭遇暴徒袭击，她哭喊着"救命、有人要杀我"，但是在此后的三十五分钟里竟然没有一个人报警，更别说采取其他措施了。这种事即使在纽约也是看起来"不太可能的事情"。

警察所发布的调查报告来看，该事件的目击者有38人之多。当《纽约时报》的记者就为何没有报警而采访目击者时，得到的回答五花八门，有些人回答"不知道"，有些人害怕报警引起歹徒报复，有些人甚至认为是夫妻间在吵架，也有人担心把家人卷进事件中。

那么，为什么没有一个人去报警或者采取行动呢？

其中的一个原因在今天看来有点不可思议。当时美国并没有统一的"911"报警电话（相当于日本和中国的110），报警电话因各个警局而有所不同。所以在报警的时候，需要核对所在地警局的归属以及具体联系方式。另外，即使报警了，警察也会就事件的可信度进行详细询问，整个过程十分繁琐。

即使这样，在35分钟的时间内，没有一个人伸出援手。该事件被新闻报道之后，在全美引起巨大的冲击。对该事件进行采访的《纽约时报》记者和负责人认为导致这种悲剧发生的原因自然有多种，但是最重要的还是旁观者"事不关己"的心理。当然，这仅仅是假说而已。

两个实验

"因为不关心所以不伸出援手"。这种假说仅仅是针对1964年发生在纽约住宅区惨剧的一种解释，这种解释仅限定在该住宅区某一日的夜晚这一特定情形。同等条件下是否会有相同的结果产生，又或者条件稍微有些出入结果又会如何，关于这类问题不会有明确的解答。研究者们也不太可能完全还原相同的现象、相同的条件，以此来验证是否会产生相同的结果。

对于研究人员而言，他们能够做到的只是在实验室内有意识地去制造尽可能相似的条件，或者寻找在现实中的其他场合类似的现象是否会发生。前面的方法被称为"实验室实验"，而后面的方法被称为"自然实验"。

（1）实验室实验

所谓实验室实验，是指在可控制的条件下，对假说的正确性、既有事件的真实性，又或者某种有效性等进行检验的尝试。通常，在实验室这种密闭的空间内，各种环境要素皆是人为设置，因此可以排除一些无关要素的影响，从而推定事件的因果关系。

事实上，针对"凯蒂·吉诺维斯事件"，为了解开其中的谜团也有学者对此进行过实验室实验。①

实验的流程具体如下。首先，招募愿意接受实验的人员（学生）。为了不让被实验者们知道实验的本身内容，由一位女性工作人员向被实验者谎称这是一项其他的调查实验。在被实验者们回答调查问卷的时候，该女性工作人员移至隔壁的房间，假装制造一起事故。

这时可以听到隔壁房间书籍掉落、桌椅倾倒的声音。然后陆续传来的是女性的声音"好疼，腿不能动了"等。当然，这只是播放的录音。

当该女性工作人员一瘸一拐回来的时候，接受实验的学生们会是怎样的反应呢？组织者将接受实验的120名学生分成四个类型的小组进行了实验。

（1）仅有一名被实验者。
（2）相互间是朋友关系的被实验者。
（3）相互间不认识的被实验者。
（4）知道实验的内容而故意没有采取任何行动的被实验者与不知情的被实验者在一起的场合。

之所以分成四个类型，所包含的意图十分明显。第一组即只有一名被实验者的场合，他不会被周围的环境所影响。在这种情况下，多数人能够结合自身的判断，大约70%的人会提供某种形式的帮助。第二组即相互间为朋友关系的场合，由于彼此间是朋友且十分熟悉，所以他们没有太多犹豫，也有大约70%的人基于自己的良知而伸出援手。

但是，到了第三组即相互不认识的被实验者的场合，由于彼此并

---

① Latané, B., & Rodin, J. 1969. A lady in distress: Inhibiting effecting of friends and strangers on bystander intervention. *Journal of Experimental Social Psychology*, 5: 189–202.

不熟悉，紧急情况发生时他们是彼此观望，且会相互影响，这时他们不能像第一组中单独一人那样独立自主地作出决策，最终只有40%的人选择提供援助。最后一组，由于一部分被实验者知道内情，所以没有任何质疑和惊慌，而继续答题。这时那些不知情的被实验者最终选择提供援助的只有7%。

进行该实验室实验的是社会心理学家是毕博·拉塔内（Bibb Latané）和约翰·达利（John Darley），该实验的结果正如他们当初所料。人类的心理行为倾向于在采取行动前看看别人是怎么做的。因为有其他旁观者在场的时候，可以尽可能地实现责任共享。拉塔内和达利将这种因其他旁观者存在而最终影响自我决策的现象称为"旁观者效应"。

他们在研究论文中也提到了"凯蒂·吉诺维斯事件"，他们对该事件的结论如下：并不是因为有其他旁观者所以才没有伸出援助之手，而是因为有其他旁观者，且其他旁观者没有任何行动才导致悲剧的发生。

实验室实验的优势在于对周围环境的有效控制。在拉塔内和达利的实验中，除了被实验者的人数多少、亲疏关系，其他影响因子均被排除在外，这样就可以比较准确地得出结论，即导致被实验者行为不同的原因在于"他者行为"的影响。

（2）自然实验

获得1998年诺贝尔经济学奖的挪威经济学家特里夫·哈维默（Trygve Haavelmo）曾经指出，所谓实验室实验是根据人类意志而进行的实验，自然实验则是在自然这个广袤空间内所进行的不间断实验，在自然实验中人类仅能旁观而不能操控。[①]"只能旁观"听起来似乎

---

① Anderson, E. T., & Simester, D., 2011. A Step-by-Step Guide to Smart Business Experiments. *Harvard Business Review*, 89（3）: 98-105.

是一种消极的语气，实际上要求我们积极地观察并且从中发现一些东西。

在社会心理学教科书中，一般都用拉塔内和达利的"旁观者效应"来解释"凯蒂·吉诺维斯事件"之谜。因此，将该解释视为通说并不为过。

然而事实上，"凯蒂·吉诺维斯事件"的实际情况跟拉塔内等在实验室所设置的环境并非相同。实验室实验虽然能够有效地控制环境因素，但是却并不一定能完全还原真实环境。

曾经获得过普利策奖的知名记者亚伯拉罕·罗森塔尔（Abraham Rosenthal）在著作《38名沉默的目击者》中，以一个记者的视角对"凯蒂·吉诺维斯事件"进行了解读。[①]该书对当时的状况逐一进行了还原。

阅读过这本书之后可以知道，事实上能称得上是目击者的人可能并没有38人那么多，又或者说警方所宣称的38人多少有点夸张成分。书中写道，真正目击到现场的人只有几个，大多数人可能只是听到了叫声，而未必真实目睹。如此一来，该事件的大环境可能跟拉塔内等人的实验存在微妙的差别。

在实验中，可以观察被实验者在听到呼叫声之后的相互反应，但是在真实的事件中虽然也听到呼叫声，却不能有效检验目击者互相之间是如何反应的。

具体说来，就算看到（受害人）近邻有灯光亮起，其他目击者也不知道这户人家是否已经报警。因而不能据此判断其他目击者没有报警是受到"该近邻没有报警"的影响。所以，不能以此来下结论说因为其他人都没有任何行动才导致其他目击者的冷漠无情。

根据记者的采访报道，大多数人将没有报警的理由归结为"不关

---

① Rosenthal, A. M., 2008. *Thirty-Eight Witnesses: The Kitty Genovese Case*, Melville House.

心"或者"不想卷入事件中",反而很少听见"错误地认为别人已经报警"等理由。

　　实验室内可以简单地控制环境因素。但是这种情况并不能观察日常生活中的一些自然反应和行为。要想把握复杂社会系统中的自然反应和行为,除非以实际发生的事件为案例,否则别无更好的方法。这就需要我们认真观察、寻找贴切的案例,且这种案例必须是自然导致的实验。一本关于管理学研究方法的教科书中这样写道:

> 进行推论的前提是,研究者应当对分析对象所适合的案例进行慎重的选择,然后进行细致的观察。这种观察研究实际上就相当于实验室内有控制的研究,但是是通过慎重选择自然案例而实现的。①

　　例如,"凯蒂·吉诺维斯事件"本身就可以称得上是自然实验,当然其他与之类似的环境下如果发生相似的不可思议的事件,亦可以作为自然实验的材料。因此,如果想追加相似的案例,就需要认真寻找是否还存在其他类似"不伸出援手"的事件。在找到相似事件之后,根据前述拉塔内等人的实验分组,分别调查目击者仅有一人、与朋友在一起以及众多素不相识者在一起的各种情况。

　　这时,我们发现的这些活生生的案例均可以视为自然发生的实验。如果在同样条件下发生同样的事件,那么实验中得到的因果关系可以在其他的实验中反复确认和检验。比起默然地在一旁观察实验(结果和数据),有意识地从自然中观察似乎更能得到有意义的启示。

---

① 田村正纪:《研究设计》,白桃书房,2006年,第72页。

重复试验的逻辑

所谓"重复试验"是指他人进行过实验之后，自己在同样的条件下进行的实验。例如，在上文提到的"旁观者效应"的重复试验中，同样的案例如果发生在其他国家或地区，又或者再设计另一种危机情况，那么相同的结果是否会发生，这类对实验进行重复检验的工作被称为"重复试验"，也被称为"水平重复试验"（lateral replication）。以第1章中关于物体是否会浮在水面上的实验为例，如果是大而轻的物体，那么无论形状是正方体还是四角锥体都可以浮在水面上，这就是水平重复试验的逻辑。

如果我们有意图地假设一种让因果关系不能成立的状况，那么对此状况进行检验的实验被称为"逻辑重复试验"（logical replication）。继续以第1章的实验为例，如果物体是"大而重"或者"小而轻"的场合，就要确认该物体不会浮在水面。

案例研究跟自然实验是一个道理。因此，案例研究过程中的因果机制并不是根据统计学的逻辑，而是根据实验的逻辑获得的。统计学的优越性在于不断地增加观测数量从而获得统计学意义上的准确性。而基于实验原理意义上的案例研究，则是通过系统性地控制变量而检验预想结果的准确性。相比调查对象的数量，案例研究更重视逻辑和案例选择本身。

继续以第1章的实验为例，"物体的比重比水重还是轻"是判断该物体是否能浮在水面上的重要标准。如果知道这样一条重要的公理，那么即使是少量的实验也可以确定真理的正确性。

根据重复试验的逻辑，即使观测的数量较少，也可以检验假说的正确性。[1]这种方法也是检验例外（不可能现象）存在机制的最适当

---

[1] Yin, R. K., 1994. *Case Study Research: Design and Methods* [2ed ed.]. Sage.

方法。

就社会科学而言，自20世纪70年代以来这种重复试验的主张开始盛行。[1]在管理学领域，该方法的应用大约始于10年后的80年代（当然也有学者批判说根据重复试验的逻辑找出环境相同的案例几乎不可能）[2]。当前，基于重复试验逻辑而进行的研究已经获得美国管理学会的高度评价，并且有些研究获得了最优秀论文奖。

最优秀论文奖获奖论文

本章所要介绍的获奖论文是哈佛大学教授吉尔伯特对组织惯性进行的研究。[3]

在不受外力作用下惯性具有使物体运动保持不变的性质。例如，地球的自转运动就可以视为惯性的代表案例。在不受外力的作用下，静止的物体始终保持静止，而匀速运动的物体则始终保持匀速运动。惯性是该运动规律的具体表现，物体的质量越大则惯性就越大。

组织的惯性也基本上是相同的道理。在不受外力的情况下，组织的运营也具有持续性（不太容易发生变化）。并且，一般认为组织规模越大其惯性就越强。

当然组织与物体的不同在于，外部力量不会单独作用于组织。所谓组织，是有意识思维的人类（或者人类行为）的集合，没有人类的意识和行为，组织的运动不会发生变化。即使组织面临前所未有的巨

---

[1] Cook, T., & Campbell, D. T., 1979. *Quasi-Experimentation: design and analysis issues for field settings*. Houghton Mifflin.

[2] Eisenhardt, K., 1989. Building theories from case study research. *Academy of Management Review*, 14（4）: 532–550.

[3] Gilbert, C. G., 2005. Unbundling the structure of inertia: resource versus routine rigidity. *Academy of Management Journal*, 48（5）: 741–763.

大变化（即外力作用），只要没有感到威胁，组织本身就不会有任何变化。此外，即使感受到了危机，如果不采取任何行动的话，组织本身也不会有任何变化。

那么，当组织面对一些前所未有的巨大变化，且该组织的人员感受到危机，他们会有怎样的反应呢？是重新审视自我的行为方式，还是继续保持固有的行为方式不作任何改变？关于这一问题学术界大致有如下两种不同的观点。

- 感受到危机时，组织的惯性会减弱并促进变革（惯性缓和说）。
- 感受到危机时，组织的惯性会加强并阻碍变革（惯性强化说）。

支持"惯性缓和说"（本书姑且这样定义该说法）的研究者认为，以感受到危机为契机，会促使组织内人员对其战略和组织运营进行重新审视。如果业绩不佳，那么改变战略的可能性随之增加，因为在一帆风顺的环境下一般人不会想到要改变自身策略。

与之相对的是，支持"惯性强化说"（本书姑且这样定义该说法）的研究者认为，以感受到危机为契机，管理者会强化对组织的管理。集中权力、精简程序且对实验性的行为予以抑制。一些研究显示，面临危机时，管理者会担心因变革带来的损失，而错过近在咫尺的时机，强化固有的管理体制。

那么是什么原因导致如此不同的两类主张产生呢？

吉尔伯特认为，既往研究没有对惯性的类型进行有效的分类才导致了上述主张的不同。他认为某些类型的惯性会因危机而缓和，而某些类型的惯性则会因危机而强化。因此，对惯性的关注视角存在差异导致上述分歧的主张。

关于这类现象本书将其定义为"扭曲现象"并进行分析。某些方面缓和而另一些方面强化，这种现象自然会导致观点出现分歧。吉尔

> **授奖理由**
>
> **Academy of Management Journal BEST ARTICLE AWARD FOR 2005**
>
> 吉尔伯特在该论文中基于一个十分重要的疑问展开调查。这个疑问是：当业界面临一系列将要改变其行为方式的非连续性变化时，为何众多组织自我革新会失败？
>
> 在当前数字媒体兴起的背景下，吉尔伯特以传统报社为样本进行了分析。他认为，新媒体的威胁会导致报社采取强化资源配置（例如，追加投资）。同时报社还会在常规操作程序上进行创新（例如，对具有创新意识的人才进行有效管理）以确保报社的主体地位。吉尔伯特将强化资源配置和加强常规的创新予以明确地区别，在此基础上对既有的理解和认知上的混乱进行了有效的整理。由于非连续性的变化对于组织而言日益重要，所以吉尔伯特的研究从理论上和实证上都作出了巨大的贡献。
>
> （Academy of Management Journal 2006，Vol. 49，No. 5，875–976.）

伯特通过采访调查、利用公司内部资料，以及直接观察公司会议等手段收集信息，以重复试验的逻辑方法对上述现象进行了验证，并因此获得最优秀论文奖。

关于"扭曲现象"，其实并不仅仅在学术界被讨论。在组织中，一部分的变革被推动，另一部分的变革却被阻碍，这也是让组织内成员最为困惑的问题之一。由此会有一些成员产生这样的疑惑："为何公司的决策看起来那么前后矛盾？"所以，对惯性的类属进行分析在应用层面上具有十分重要的意义。关于惯性大致有两种类型，一种是在资源配置方法上的惯性（资源的强韧性）。这种惯性较强，则新的资源配置方式恐怕会难以实施。这一惯性会导致企业倾向于对固有的项目进行再投资，对一些具有前瞻性和风险性的项目投资意愿则较少。

还有一种是业务操作上的惯性（路径的强韧性）。这种惯性也被

表 3-1 调查对象

母公司（化名）	报社（化名）	发行量	发行范围	员工数
The Beacon Company	Beacon A	25万	地方	45人
	Beacon B	20万	地方	20人
The Press Company	Press A	50万以上	广域地方	100人以下
	Press B	40万	广域地方	60人
The Expositor Company	Expositor A	50万以上	广域地方	100人以下
	Expositor B	20万	地方	32人
The Morning News Company	Morning News A	50万以上	全国	100人
	Morning News B	30万	地方	41人

Gilbert（2005），p. 743（简化制作）

称为关于如何有效利用经济资源获取最大收益的经营模式的惯性。一般来说如果这类惯性较强，则业务操作过程上的变革会受到较大的阻碍。

吉尔伯特以20世纪90年代数字时代的兴起为背景，以美国报刊新闻界为案例对惯性所导致变化的机制进行了研究。调查对象是报社设立在线新闻的案例。被调查的8个报社直属四个报业集团（表3-1）

针对数字化和网络化的外部威胁，传统报社在资源配置模式和盈利模式上会作出怎样的改变（或者说没有改变）呢？接下来笔者将参照吉尔伯特提出的假说，导入重复试验的方法予以说明。

面对危机时资源配置的变化

吉尔伯特的假说（一）

对于迫在眉睫的危机，经营者能够克服资源配置的惯性。

一般认为，大概在1997—1998年间，美国的传统报社将在线新闻的兴起视为威胁。当时新闻报道的主流依然是纸质媒介。虽然读者和广告商还没有对在线新闻产生大量需求，但是传统报社的经营者已经感受到了新兴媒体带来的威胁。

吉尔伯特通过调查采访和查阅报社内部资料，对作为案例研究对象的报社是否有危机意识进行了调查。

调查结果显示，当时主流报社的经营者们不约而同地认为，以数字化为代表的新媒体发展所带来的变化会给报社带来冲击。"因互联网的兴起，收益额减半"、"报纸刊载的招聘、房地产和汽车广告有大约六成被互联网检索所取代"、"报社可以减缓步伐，但是不能放弃"等较为悲观的评价在调查中都有明显表现，可见管理层的担忧。

作者所调查的8家报社中有7家将在线新闻的存在视为威胁。同时，这7家报社都认为，无论是组织上还是财力上，都应该追随趋势发展在线新闻事业。即使在线新闻业务经营赤字持续扩大，报社仍然持续追加对该业务的投资。大多数的报社都在感受到危机的最初两年内，对在线新闻业务增加了三到四倍的资金支持。

安排到在线新闻业务的员工数量也呈增加趋势，甚至有些公司在1998年的前8个月将从事在线新闻业务的员工从5人增加到40人。报社对在线新闻的重视不仅仅体现在财力和人力上，公司在调查研究和研讨会议上也花费了大量的时间。虽然老主顾、老读者依然以购买纸质报纸为主，但是报社对新业务的投资加速如故。

尚未被危机影响到的盈利模式的惯性

吉尔伯特的假说（二）

面临迫在眉睫的威胁时，关于报社经营权限的转移以及其他积极的尝试被禁闭,仅仅关注于资源配置的改变,所以组织运营反而僵硬化。

与资源配置模式的变化呈对比的是盈利模式(路径的强韧性)。业务过程以及获得收益的路径很难发生变化。

由于报社经营者过分夸张的危机意识,公司总部的高层决策者对经营管理的管制加强。这导致了分社过度热衷于营业额的扩大(对既有盈利模式的依赖),而对一些新鲜的(盈利)模式的尝试持畏缩不前的态度。

本次调查的报社中,有6家报社的营业方针决定权由地方业务部门转移到公司总部。公司总部的管理部门(业务开发部、CEO,或者新设立的在线业务负责人)控制了大多数战略管理决策。某报社的一名管理高层如此说道:[1]

> 我们对旗下的网站都有各自的基本经营模式。我们对他们提供资金支持,同时在必要的情况下也认可旗下网站自主雇用员工。但是,应该由我们来指示他们如何行动。

该报业集团曾经是往下层分权最多的公司。但是就在线业务而言,公司总部在积极投入资金进行支持的同时,也牢牢地控制着业务管理权,即"既出钱又掌权"的管理模式。

这种管理模式在其他报社也有呈现。例如某公司的CEO本人亲自管辖堪称公司旗舰的在线业务。

还有一家报社,其网站的运营和管理都受到总部严密的预算计划和市场计划的束缚。一位负责在线新闻网站运营的员工这样说道:

---

[1] 本章引用的所有采访内容皆出自Gilbert(2005)。

总部要求我们集中精力开展在线业务。但是所有的指令和计划都来自总部，即使我们知道眼前的某些指令已经走向了死胡同甚至会带来营业额上的亏损，也不可违背总部的指令。

这种集中管理的模式往往会阻碍在线业务进行一些积极的尝试。例如某报社的在线业务想要尝试一种新的收入来源，结果遭到了公司总部的反对而未能成行。因为公司总部在营销战略、商业模式以及服务计划等领域太过于墨守成规、固步自封。

搞错方向却加倍投资

由于总部过早对在线新闻业务进行大规模的投资，导致了报社很难根据形势对后续营业方针作出改变。虽然最初阶段的决策出现错误，但是碍于源源不断的资源流入，只能任由这种决策失误继续延伸。最终造成了"搞错方向反而继续追加投资"这样讽刺性的结果。

实际上，公司总部以较快的速度对在线新闻业务进行投资，组织运营上的路径和商业模式却没有及时得到改变，反而直接将公司总部的方式方法运用到在线业务上。这种情况下，虽然员工数量增加、经费支持加大，但是运营模式却跟过去无甚差别。

最终，几乎所有的报社都只是把纸质媒体的运营模式原原本本地复制到了在线业务上而已。刊登在地方报纸上的报道原封不动地复制到在线新闻上。在吉尔伯特所调查的8家报社中有7家的在线新闻仅仅是把纸质的报道内容挪到了网络上，大约85%的线上新闻都可以在纸质报纸上阅读到。

一位报社的CEO这样说道：

将在线新闻视为纸质媒体的延伸这一说法本来是不正确的，

但是我们的在线业务往往都是由（报社）新闻采编室的员工负责，作为编辑人员的他们都倾向于将在线新闻业务与传统新闻业务无差别地对待。

这种僵硬并不仅仅体现在报道的内容上，同时还存在于商业模式上。就盈利渠道而言，在线新闻不仅能从广告费中获得效益，还有其他各种潜在收益可以获得。例如，对过刊的检索服务、电子邮件市场开发以及数据分析服务等都是潜在的收入来源。吉尔伯特的调查显示，报社以外的其他公司充分地意识到互联网的这一特性，大约能够确保5类新型的盈利渠道，这些盈利渠道可以占到总收益额的40%以上。与之形成鲜明对比的是，传统报社的在线业务仅仅依靠在线报纸销售和广告收入这两个盈利渠道（有一个报社是例外）。最终，这些传统的报社对自己擅长的商业模式以外的获益渠道视而不见，不知道究竟该如何盈利。

对威胁的感知和扭曲现象

吉尔伯特基于重复试验的构想进行了案例研究。其结果显示，在8个报社中有7个感受到了威胁，其中6个案例发生了所谓的"扭曲现象"。

只有两个案例没有发生"扭曲现象"。这些案例本身各自的具体情况也有所不同，因此有必要先进行一些解释说明。

首先，Morning News A报社并不把互联网的兴起视为威胁，相反该报社认为对报社而言这是一个重要的机遇。

Morning News A报社是全国性的报纸，并不主要面向某个特定的区域。但是，虽然该报是全国性报纸，所占市场份额并不大。通过发展在线业务可以降低物流和印刷费用，该报社看重的是互联网的这一优势。

图3-1 感受威胁后所导致惯性缓和的"扭曲现象"

图3-2 感受机遇后所导致的惯性缓和

此外,该报社并不像其他报社那样过度依赖于纸质媒体所擅长的招聘、求职、商业广告等收入来源,即使推进在线业务也不会导致纸质媒体失去太多的收益额。因此,无论是资源配置还是运营方式上都缓和了固有的惯性。可以说该案例从逻辑上验证了吉尔伯特的假说(逻辑重复)。

还有一类企业尽管感知到了来自互联网的威胁,但是采取了不同的应对方式,那就是Press B报社的在线业务。Press B报社虽然感知到了威胁,可是并没有导致"扭曲现象"的发生。其中有一些特殊的理由值得说明。

从例外案例中学到的"扭曲现象"消除法

Press B报社的管理高层一开始也是跟其他报社一样认为在线业务同传统纸媒并无区别。但是不同于其他同行,该报社并没有将在线新闻的内容完全从纸媒上复制。

究其原因是该报社的CEO得到其私人关系圈的一些建议。

这些游离于报社体制外的朋友圈并不把在线新闻视为对纸质媒体的简单复制。这位CEO的朋友圈成员多位于旧金山硅谷,每每在作出一些战略性决策的时候,该CEO都会征求他们的意见。同时该CEO还将一些在硅谷从事过新媒体业务的高管聘为报社董事,来帮助报社展开新的业务。

设立的新风险投资企业虽然是Press B报社总部100%出资的子公司,但是俨然成了一个独立于报社总部之外的组织。子公司的高管皆是从外部选聘的精通新媒体业务的精英,他们专门成立负责在线广告业务的部门并增加了雇员。同时为了建立与传统媒体不同的印象,他们建立了新的品牌,办公地点也搬到离原纸质媒体约一公里的地方。虽然也有一些雇员是从原报社派遣而来的,但只是为了确保分享新闻采编室的一些重要信息,无论从结构还是运营上该子公司都与母公司截然不同。

与纸质媒体的新闻内容不同,该在线网站从一开始就引用了地方的新闻和信息。就内容而言,50%以上都不是来源于母公司的纸质新闻。该网站开设了一些在纸媒上阅读不到的栏目,向读者提供数字媒体特有的互动工具(比如交通网络摄像头、数据库检索、双向互动的论坛)等。

针对与纸媒的不同,网站编辑这样说道:

当前,与纸质媒体新闻相同的内容仅占总量的三分之一。我

笔者根据 Gilbert（2005）的内容自制

图 3-3　独立所导致的惯性缓和

们越来越像从报社独立出来的公司。我是从报社过来的人，也十分喜欢报纸。但是，我们已经成为了另一个团队，朝着另一个方向开展我们的业务。母公司的新闻报道固然有价值，但是我们有时也从其他报社那里买进一些报道内容。

关于收入来源该网站开发了与以往不同的获利渠道。例如对旧新闻报道进行收费检索的服务、电子邮件的运营以及数据分析的收费服务。对于其他报社而言，能增加一个获利渠道已属不易，该网站却增加了三个。该网站在革新方面可能不如那些刚加入新闻行业的企业，但是却成功地奠定了新的商业模式。

那么，除 Press B 报社之外的 7 个报社在展开新业务时是否也曾有过对成立在线风险公司的探讨呢？

外部意见的重要性

吉尔伯特的假说（三）

面临断续变化而准备作出对策时，如果能够接受来自外部的影响，那么成立的风险公司倾向于从总部独立出去。

吉尔伯特的调查显示，实际上所有的报社都对该问题进行了比较充分的探讨。但是发展成为独立组织的仅Press B一家。其他的报社则强调新公司与传统纸媒的相乘效应，最后都决定将风险公司置于母公司的伞下。例如，某报社1990年在线新闻业务计划曾这样记载：

如要着力推行新业务，则必须与传统纸媒相结合。那种自立门户的尝试无疑会遭受致命的打击。

同样，另一家公司这样说道：

我们的基本战略是统合战略。就地方的信息市场而言，纸质媒体无疑占据优势地位。如果将在线业务同传统纸媒分割开来，这种优势地位也将消失。

就这样，除Press B之外的其他7家的在线新闻业务无一例外地采取了统合化的道路。

但是，从最终的结果来看，过半数的报社都颠覆了当初的决定。当初采取统合化路线的7家报社中有4家最后采取了在线创业的方式将在线业务独立出去。

独立出去的4家的在线业务均雇用了来自外部的经营者以及外部的合伙人或是受到了他们的影响。因为，这些从外部聘任过来的员工和经营者提出了明确的要求，如果不把在线业务从总部彻底独立，他们不会对在线业务进行投资和经营。

剩下的3家报社的在线业务并没有受到外部的影响，始终被置于报社的统一管理之下。

那些得以独立的在线业务可以更加便利地创造在线业务的获利机会。据一家在线业务的负责人称："独立了之后，过去那些想要而未能创造的商业机遇如今都得以实现了。"

宛如实验一样的案例研究

接下来对案例以及假说进行总结。如表3-2所示，该表所呈现的是8个报社在感知到数字化威胁时如何打破惯性寻求变革的过程。

就假说（一）而言，除Morning News A之外，其他7家报社在面临危机时都不同程度地克服了惯性，使新的资源配置成为可能（水平重复试验）。

就假说（二）而言，各报社对威胁的感知反而强化了惯性。允许新的资源配置的同时，商业模式也被固定化。通过对6家在线新闻进行的"水平重复试验"验证了该假说。

仅有Press B和Morning News A这两家报社表现出不同的倾向。作者对这两家报社的解释也十分具有说服力。Morning News A报社并不认为互联网的兴起是威胁而是把它当做机遇，所以该报社的例外可以说得通。而Press B报社在最初就确保了在线业务的独立性，避免了本文最开始提到的"扭曲现象"，从而缓和了惯性。这两个案例通过"逻辑重复试验"验证了假说的正确性。

就假说（三）而言，正如吉尔伯特最初预想的那样，在有外部建言或外部介入的情况下，在线业务更倾向于从总部独立。即使有些在

表3-2 对三个假说的重复试验

报社（化名）	对威胁的感知	假说（一）资源配置的惯性 ↗=惯性缓和	假说（二）盈利模式的惯性 ↘=惯性强化	假说（三）外部影响和独立倾向 无	有
Beacon A	○	↗（水平）	↘（水平）	（统合） →	（独立）
Beacon B	○	↗（水平）	↘（水平）	（统合） →	（独立）
Press A	○	↗（水平）	↘（水平）	（统合） →	（独立）
Press B	○	↗（水平）	↗（逻辑）		有（独立）
Expositor A	○	↗（水平）	↘（水平）	无（统合）	
Expositor B	○	↗（水平）	↘（水平）	无（统合）	
Morning News A	×认为是机遇	↗（逻辑）	↗（逻辑）	无（统合）	
Morning News B	○	↗（水平）	↘（水平）	无（统合）	

Gilbert（2005），pp. 748–750（笔者有所改编）

线业务最初被统合到传统纸媒的框架内，但是随着对外部意见的接受，开始转向独立运营。与之相反，那些没有受到外部建言的在线业务则一直作为报社内的一个部门而存在。也就是说，如果从外部聘任来的员工和管理层不提出（独立的）主张，在线业务是不会发展成为独立运营模式的。关于这一点也没有其他例外发生。

　　吉尔伯特在该项研究中所选取的案例真的就像实验所证明的那样，通过重复试验彻底地验证了假说的正确性。在学术研究领域能找到如此贴切且能够被重复试验所证明的案例实属少数。这种基于自然实验而选取案例的方式，加深了我们对某一现象的理解，而这是其他方法很难做到的。

居于最高层次的学术研究范式

吉尔伯特的研究以近乎完美的调查设计使得该论文最终获得最优秀论文奖。该论文的精妙之处主要体现在如下几个方面。

第一，为了对案例的状况进行有效控制，该论文选取了几乎同一时期成立的8家在线新闻业务作为案例进行分析。

- 各报社报纸发行量均在20万~50万份之间。
- 各报社所发行的报纸在当地均是最大的，不存在彼此间的竞争。
- 虽然就互联网的普及率而言各地区有差异，但差异不足10%。
- 各报社的在线新闻业务均是在1994—1996年间开始的。

如果各报社的情况和面临的地域环境不同，那么操作起来就会变得困难。这样关注的焦点就会不仅仅集中在对危机的感知上，其他的原因（业务规模、该地区的互联网普及率）也会影响到报社的政策制定和行动。由于案例研究是基于自然实验之上进行的，所以多个被实验者（案例）所处的情况要尽可能地统一，这样才能确保对变量的有效控制，最终提高假说的准确性。

第二，就研究而言，调查对象中当然也包括（经营）失败的案例。但是吉尔伯特在研究中巧妙地回避了失败和成功等措辞，而是用4个革新型风险公司和4个保守型风险公司来表示。

调查失败案例相当困难。由于当事人不愿提及失败，相关信息的质和量都会比较差。然而，假如不进行与失败案例的比较对照，仅仅从成功案例当中探寻原因的话，对真相的理解就有可能产生偏差。尽管很多人认为，只要找到成功案例的相通要因就足够了。但是，确认失败案例不具备该要素也是非常有必要的。

第三，该研究通过采访高层管理人员、查阅业务计划书等具有较高机密性的内部资料进行信息收集。主要的信息来源为采访、阅读报社内部资料、直接观察这三种方式。就采访而言，共计进行62次采访（其中11次为电话采访），其对象涉及母公司、报社以及在线风险公司的负责人等。为了避免个人的偏见，作者对这些采访对象提供的信息仔细斟酌，同时采用公开出版的1,500份资料作为佐证，以确保采访结果的中立性。

就报社内部资料而言，吉尔伯特翻阅了众多内部档案。包括在线业务相关的计划书、内部手稿、顾客名单等重要信息。至于直接观察，则主要对发生的24个事件进行了观察。

第四，该论文通过严格的步骤提出假说，并进行了细致的验证。首先通过实验调查（pilot survey）对革新型的在线新闻和保守型的在线新闻进行比较。从这些比较中作者导入假说，并决定观察上述8个报社的案例。观察的要点就是上文假说所揭示的内容。然后分析案例的数据部分，采用归纳法并附之相关文献进行解释说明。最终将发现的相互关系对样本进行确认，并采用重复试验的方法对假说进行验证。

关于案例研究的一点建议

吉尔伯特在对变量进行有效控制且对具有可能性的理想案例进行慎重选择的基础上，通过充分的数据收集和严格的操作程序，完成了对"扭曲现象"的考察。正是因为这种高水平的研究才得到管理学会的高度评价，并获得最优秀论文奖。

当然，对于一些商务应用人才而言，他们的目的不是拿奖。而是在需要的时候可以活学活用这些具有高度参考价值的材料。在此笔者有两点建议可供参考。

重复试验的设想

第一点，基于自然实验的设想对案例进行重复试验十分重要。关于重复试验，如果能够掌握其中的要领，其实操作起来并不困难。在头脑中构建一个假说然后进行观察即可。谁都会在头脑中设想"这样做会成功"、"那样做会失败"等各种可能性。将这些设想用语言表达出来，通过观察各种案例证明这些假设正确与否就大功告成了。

例如，如果你认为"好的领导会信任自己的下属且委以他们重任"。那么，那些认为"好的领导在任何场合都会给自己的下属明确指示"的人肯定觉得你的设想是不太可能的。

要检验该假说的正确性，就需要寻找一批所谓的好领导，观察他们是否信任下属并愿意委以重任。"这个领导确实对下属比较信任"、"那个领导也一样"等，通过重复试验来检验假说。

如果从逻辑上明确了自己的设想，那么即使是很少的案例也可以获得具有真实性的结论。例如，要想检验"何为有能力和有责任的下属"，可以假设这样的下属"应该不会太拘泥于领导的各种指示，也不会计较眼前的利益得失，而是享受工作的趣味性和价值"，或诸如其他。

"基于何种目的而选择案例"往往比"要选择多少案例进行分析"更为重要。因为后者是在没有明确要观察什么的前提下进行的案例收集，会导致"事后诸葛亮"式的假说。要杜绝这种情况，首先必须确保"明确了假说之后再进行观察"。

当然，为了证明自己假说的正确性而只选择跟自己想法贴切的案例也是不可取的。在选择案例的时候还要注意这些案例所处的环境以及案例本身的性质是否符合研究设计的条件。不能因为在同一状况下具备相同条件就理所当然地认为案例结果必然相同。

就信息而言，其实一般的书籍以及杂志报道也具有十分丰富的信息量。如果能够跟踪领域内的动向，必定获益不少。像吉尔伯特那样能够对众多相关知情人士进行采访的毕竟是少数，但是如果有这样的条件去采访，操作起来当然更加简单。对于学术研究而言，一些非官方的信息或许不太可能作为论据，但是对于一般的业界人士而言，只要能够获得有益于本公司的信息，并不需要介意消息是否官方，因此完全可以充分利用一些非官方渠道的信息。

重复试验后的考察

第二点是重复试验进展不顺利时的考察。例如，上一页所举的例子中，当我们收集到了众多信息，且对各种类型的领导人进行观察的时候，发现了跟最初的假说不吻合的情况。诸如有些领导认为凡事都委托给下属并不是好事情，或者如果不对下属的工作予以明确的指导有失领导风范等都属于偏离假说的现象。

那么究竟该怎样进行考察才能得到十分有见地的结论呢？

问题的关键在于弄清楚在何种时候何种场合，何种领导能力是有效的。不对具体的脉络背景（context）进行考察将很难得出统一的结论。例如"在这种场合下委任是有效的"，"在另一种场合下则需要严格的监督和指导"等，将具体情形予以区分之后再进行逻辑上的思考。只有这样才能知道诸如"对既无能又懒散的下属进行明确指示和监督的领导才是好领导"等。

吉尔伯特的研究正是这样对具体问题进行具体分析的。针对同一事件，认为是威胁的和认为是机遇的，从逻辑上就有着明显的不同。

推崇在实务中展开自然实验的安德森和史密斯特在《有效商业实验的分步指南》（*A Step-by-Step Guide to Smart Business Experiments*）一文中曾经这样写道：

> 对自然实验予以甄别并进行分析的要点在于，如何选择那些

受到外部因素干扰而自然形成（并非为了配合实验而有意组成的）的问题群和参照群。①

然而，对"水平重复试验"进行永无止境的重复也没有意义。这种情况下，从逻辑上来推测一些可能导致相反结果的案例，从另一个侧面来检验即可。基于自然实验的构想而展开的案例研究重要的是逻辑而不是数量。

---

① Anderson & Simester, Ibid.

第4章
判断编剧的创造性
无意识中进行的两个判断过程

在日本有一个被称为"创刊男"的企业家——冈田学。他在著名人力资源公司"Recruit"任职时①，认真听取来自职业女性、工程师、大学生、女子高中生等各个阶层读者的意见，并组织创办了14份刊物，成为当时领导时代潮流的媒体人。他作为公司内部挖掘出来的创业者，也是曾经成功开发八个新业务市场的达人。

冈田先生在四十五岁从Recruit公司提前退休之后，创建名为"游学"的公司。②现在冈田仍然担任该公司的经营顾问。

笔者有幸跟冈田先生面谈过。他本人对调查方法特别感兴趣，其中采访是他最青睐的一种方法。冈田先生本人在对他人进行采访时，话题必定会涉及到对方的生活空间。在他看来采访可以不必是程式化的僵硬问答，相反，可以在谈笑风生中愉快地进行。在这种轻松愉快的氛围下，对方往往能够不经意地说出一些真实想法，而这些正是采访者最需要得到的信息。

在他出版的一本关于经营管理策略的书中，冈田这样写道：

---

① Recruit是日本最大的人力资源管理公司，主要通过广告、出版以及互联网等方式进行人才介绍和教育咨询等业务。

② 日文为"あそぶとまなぶ"，中文直译为"游戏和学习"。——译者注

是选择以高雅为主打的雷诺阿、罗多伦？[1]还是去无烟的星巴克？又或者是朝九晚五工作之后白领常去的居酒屋？（中略）一定要选择让对方心情舒畅的场所。"对方中意的地方"最为重要。如果是女高中生，那么连锁快餐店的二楼或许更好。[2]

此外，还要仔细留意采访对象的佩饰、穿着以及言语表情，随之选择具体的接待方式。

如果对方表现得比较亲切，那么就以平等的立场与之对话。
如果对方表现得盛气凌人，那么就把自己当做同行业人士与之对话。
又或者，在不损伤对方自尊心的前提下与之对话。

这样设身处地地为对方着想，并且进入到对方的生活空间中，往往能让采访更顺利地推进并最终获得迫切需要的信息。所谓生活空间是指被采访者作为一名自然人所置身的空间。根据对方的需求而选择对方常去的场所或相像的地方进行采访。如此一来对方就会消除掉最初的紧张感和戒备心，甚至忘记自己是在接受采访。

顺便说一下，一些企业展开的采访，其背景往往是一面白色的墙壁，然后就是会议室的办公桌，这可能是效果最差的面对面访问。采访者可能以为在这种特殊的环境下或许会采访出点什么东西来，但往往事与愿违。即使采访到了一些要点，恐怕也不会对自己的经营有实质性的帮助。因为在采访的过程中受访者可能会有意识地说一些客套话，或者在无意

---

① 雷诺阿（renoir）和罗多伦（doutor）：日本知名连锁咖啡店品牌，以高雅、开放和闲适著称。——译者注
② 冈田学：《Recruit "创刊男"的超强构想》，日经商务人文库，2006年，第69页。

识间说了一些无关紧要的内容，总之不是对企业经营有帮助的内容。

冈田流经营哲学的要点在于，要想获得本质性的发现，比起一些压迫式的调查采访，更重要的是布置一个能够让对方打开心扉的现场环境。也就是说，如果没有一个能够让对方感到收放自如的环境，采访中极有可能错过我们所谓的"黑天鹅"。

学术领域也是如此。就学术研究而言，最理想的采访依然是在现场观察，或是选择相似的形式进行采访。因此，本章想要介绍的是，通过对现场的调查而发现一些意外事实的方法。

最优秀论文奖获奖论文

这里要介绍的研究论文是一篇关于现场观察和调查采访的模范论文。

要评价一个人潜在的创造性，专家是通过怎样的思考过程予以判断的呢？时任加利福尼亚大学戴维斯分校副教授的金伯利·埃尔斯巴克（Kimberly Elsbach）和斯坦福大学教授罗德里克·克雷默（Roderick Kramer）把关注的视角投向那些重视发掘创新型人才的产业。[1]在该文中他们选择的是因电影和电视产业而世界知名的好莱坞。

在好莱坞，编剧们通常都有一个展示其剧情构想的"推介会"（Pitch Meetings）。在这一场合作为"投手"的编剧面向作为"接球手"的制片人或电影公司负责人兜售他们的想法。当然这里的编剧大多是无名小卒，尚无资历。因此在这种场合下，作为"接球手"的制作方只有通过面谈等形式来判断编剧的潜力。由于剧本的好坏关系制作费

---

[1] Elsbach, K. D., & Kramer, R. M., 2003. Assessing creativity in Hollywood pitch meetings: Evidence for a dual-process model of creativity judgments. *Academy of Management Journal*, 46（3）: 283-301.

用成本,因此这种判断十分重要。

埃尔斯巴克和克雷默近距离观察了现实中的"推介会",针对在面试中如何判断编剧的创造性这一问题进行了研究。美国管理学会对他们的研究予以高度评价,并授予最优秀论文奖。官方的授奖理由如下文。

授奖理由

Academy of Management Journal BEST ARTICLE AWARD FOR 2003

埃尔斯巴克和克雷默通过"现场调查"(Field Study)的定性手法,对专家考察编剧创造性时所采用的"原型"(prototype)予以明确。作者们以深切的洞察力设计研究,并揭示了令人广泛思考的结果。他们的论文刊登在2003年6月出版的 AMJ 上。

(Academy of Management Journal 2004, Vol. 47, No. 5, 631.)

评论短小精悍,却包含了两条重要信息。第一,现场调查。关于创造性等问题的既往研究,往往是在实验室里以学生为对象来进行。就演艺界而言,给出艺术家的大头照,然后让学生们用一个贴切的形容词来形容该演员(比如热情或者有个性等),据此来判断学生是否具有创新性,这是既有的一种分析框架。那么,这种在实验中得到的认识是否符合真实世界中的情况呢?埃尔斯巴克和克雷默将他们的研究置于现场语境对该问题进行了考察。

第二,原型。在实验室调查中我们会把一些已经是创造性人才的人视为"原型"。例如,很多人都会认为史蒂夫·乔布斯是具有创造性的人,并将其视为创新型人才的象征。那么,要判断一个人是否具有创新意识,如果他的言谈举止等都与乔布斯相接近,那么可以据此判断该人具有创新性。这里的乔布斯就是一个原型。原型对于评价他人是否具有创新性具有重要的参考价值。作为一个潜意识里的原型,可以成为此后的一个判断基准。

二元评价模型

在进入介绍之前，先对该研究的基本构思进行解释。在评价一个人的创造性潜力时，作为"接球手"而言会首先观察"投手"的特征，即观察其人品风格以及行为态度等。然后将其与自己脑海中的原型进行比较，看有哪些地方近似，并据此推量出其创造性。

例如，如果"投手"十分有热情、有个性且往往会采取一些意想不到的行动，那么可以认为其是一个创新性的人才（表4-1）。相反，如果在对"投手"的言谈举止予以观察后发现，"投手"徒有其表或者言行不一、装腔作势，则可以认为该"投手"是扶不起的，或者说没有太高的创造性。

当然，对创造性的判断并不止于以上两点，还有一个经常被疏忽的判断基准。埃尔斯巴克和克雷默研究的最大贡献就是对该判断基准的形成过程进行了考察。他们发现，在观察"投手"和"接球手"的互动之后，如果不对本人进行采访的话恐怕还是不能发现一些创新性。

他们将上述两个过程作为判断基准的方式称为"二元评价模型"。

该研究的特征是对一些在好莱坞发展的人进行了采访，也引用了他们的一些有见地的评价。本书将对这些采访进行介绍。

创造性潜力的评价

对于任何一个组织来说，有创造力的人才都是不可或缺的。因为他们身上体现出的知性、幽默感还会发挥出领导气质。另外，创造性对于提高产品及服务的品质、作出正确的决策、顺利解决问题等都有积极意义。因此，无论何种组织都愿意雇用那些具有创新潜力的人才。

当然，要招聘那些具有创新潜力的人才也非易事。固然有些人才已经取得了一些成绩且在同事中间口碑极好，但这些人毕竟是少数。对于那些新手，还没有任何成绩可以展现时，招聘方不得不通过各种途径对其进行考察。

虽然当前有很多评估创造性的心理测试，但大多都没有得到实际的应用。即使是美国的一些专业人力资源公司，采用心理测试的也是少数。就算采用了这类方法，一般都比较重视面对面采访。最终，这种面对面采访极有可能造成一些主观评价。

对个人的创造性除了主观评价别无他法吗？在管理学的研究领域，目前尚未有研究来系统性地考察创造性的评价方法。因为在学术圈内，对于以何种属性和行动作为切入点进行研究还存在争议。

因此，埃尔斯巴克和克雷默的研究中也考察了专家是如何判断他人的创造性这一问题。

判断过程的第一步（与对象人物相关的原型）

在社会关系中，人们是如何判断包括创造性在内的各种特性的呢？在思考这一问题时，有一个可供参考的理论是"社会性判断理论"（social judgment theory）。该理论认为人们在判断他人的能力以及特质时往往会将其与心目中的"原型"进行比较，在此基础上来作评价。对创造性的评价有较深造诣的康佐夫（Joseph Kasof）对"天才"做如下描述：

> 失去听觉的作曲家、身体麻痹的天体物理学者、从身无分文到亿万富翁的创业者、7岁的作曲家、没有受过任何指导就有创造性发现的年轻科学家、贫困潦倒且没有接受过任何训练的画家

等。这些人之所以被认为是天才，不仅仅是因为他们的创造能力，更在于他们克服身体、心理以及环境上的各种束缚奋斗成才。①

伟大的作曲家贝多芬、著名的宇宙学者霍金，这些都是我们以具体人物为中心刻画出的天才形象。在不知不觉中，这些人成为我们心目中有创造力的"原型"，如果有些人的行为以及特性跟脑海中的"原型"比较接近，我们就会不由自主地认为他或许可能是"天才"。

当然，相同的道理也可应用在相反的案例中。如果是没有创造性的场合，并不需要拿他与有创新能力的"原型"相比。因为我们的脑海里可能已经有了那些"不具创造性的人"的原型存在，如此一来也可以轻松判定该人不具有创造性。

7个原型

接下来本文将以好莱坞的"接球手"（制作方或电影公司人员）和"投手"（编剧）的言说分析为例，对这些原型予以考察说明。

该研究对对象人物原型的推导以及标签化的过程大致如下：

（1）将采访、推介会记录以及推介会相关课程和书籍中获取的数据予以精确分析，从中提取关键词，并在此基础上寻找那些评价创造性的线索和启示。

（2）将采访、现场观察以及文字资料这三个信息源中获取的关于创造性评价的线索和启示给予更加充分的证据予以论证。例如，如果三个信息源均对"有热情"这一点给予重视，那么"有热情"或类似

---

① 前引，Elsbach & Kramer（2003），p. 292；康佐夫的原文参见，Kasof. J. 1995. Explaining creativity: The attributional perspective. *Creativity Research Journal*, 8: 317.

词汇可以视为具有较高创造性的证据。如果三个信息源中的任何一个都没有类似体现,那么其作为证据的说服力就随之降低。

(3)将被调查者所使用的语言词汇作为原型予以重视。例如,"这是个会讲故事的人"或者"这个人在推介会现场编故事很在行"等,可以对其赋予"叙事者"(story teller)这一原型。

在这一类分析中,考察"投手"具有"创造性"的一些线索,有如下关键词可供参考。比如,有特性、非同寻常、热情、难以预测、极端、不可知、有点像作家、机敏过人、卡里斯马型、十分自然、很搞笑等。

与之相反,评价"投手"不具备创造性时的一些线索,有如下关键词可供参考。比如,徒有其表、太做作、好枯燥、失望极了等(参见表4-1)。

关于原型,至少有如下7种类型。

表4-1 与人物相关联的7类原型

原型(Prototype)	线索(Cues)	"接球手"所认为的潜在创造性
艺术家	新颖、非同寻常、不可预测、有热情、极端、幼稚等	高
叙事者	有剧情、像作家一样、富有知性、卡里斯马型、十分自然、搞笑、有热情等	高
节目运作人	卡里斯马型、富有知性、有热情、比较自然	中
新手	有热情、年轻、极端、幼稚	中
熟练工人	像作家一样、有剧情、比较自然、太过于官方和形式化	中
交易者	卡里斯马型、商业主义、傲慢	中
不会创作的人	只会嘴上功夫、徒有其表、好枯燥、失望极了	低

笔者根据 Eisbach and Kramer(2003),pp. 290-291 的内容自制

原型1：艺术家

不知大家是否知道伍迪·艾伦（Woody Allen）这个人。他是一名才华横溢的编剧，同时也是一名导演兼演员。1977年凭借影片《安妮·霍尔》荣膺奥斯卡最佳导演、最佳原创剧本和最佳男主角三项大奖。① 其后他所编剧的《汉娜姐妹》(1986)、《午夜巴黎》(2011)相继获得最佳原创剧本奖。

艾伦的电影虽屡受奥斯卡青睐，但是他本人几乎从不参加包括奥斯卡在内的电影颁奖典礼。唯一的一次例外是美国纽约发生"911"恐怖袭击后的2002年，艾伦意外地出现在了现场，向电影人请愿不要因为恐怖袭击而放弃纽约。

提到艺术家，一般人都会觉得应该像艾伦一样，有一种不仅仅限于言谈举止，甚至连社交方式都十分怪异的先入观。在好莱坞，剑走偏锋、我行我素且偶有不安等表现恰恰会给"接球手"一种"内心世界丰富"的认识。某制作人这样说道：

> 有些时候，那些看似其貌不扬的编剧往往能写出好的剧本。这是因为他们怀揣自己的内心世界，而这种内心世界的丰富让他们能创造出好的剧本。他们认为出席各种活动或者显摆自己显然是在浪费时间。②

埃尔斯巴克和克雷默将此称为"伍迪·艾伦效应"。一般来说，实际有创造性的人必然有着较好的沟通能力和自信心，不安的表现则被认为是妨碍创造性的。但是，有意思的是，作为"接球手"的制作方

---

① 原文如此。实际上伍迪·艾伦在《安妮·霍尔》中只是获得最佳男主角提名，并未获得该奖项。——译者注

② 本章对采访数据的引用皆出自前引，Elsbach & Kramer (2003)。

却反其道而行之，他们将通说的反面（不那么老练沉稳，且有些慌张不安等）视为有创造性的判断标准之一。

原型2：叙事者

当然，并非所有的原型都是打破常规的类型。那些通过正常的叙事技巧取胜的线索对于创造性原型而言也十分重要。一些专家将具有作家风格的行事作风，比如在推介会上使用隐喻、诗歌等表现形式来展现自己剧作的魅力等，与有创造性的原型联系起来。这就是所谓的"叙事者"原型。他们对应的原型是"具有高度概念的创作人以及兼具理论和实战能力的那一类人"。

例如，有一位编剧在推介会上不仅设计了电视剧的剧情场景，甚至连声音和味觉效果都展现得淋漓尽致。这成为"叙事者"原型的判断依据，制作方也对该编剧的创作能力给予较高期待。一位经纪人这样说道：

> 我真正尊敬的编剧是那些能够痛痛快快、酣畅淋漓地讲故事的人。即使是在初次见面的场合，他在推介会上会着力推销自己剧作的卖点。比如在故事开场的时候，他不会说"这是一个关于一对男女的故事"，而是展现给观众这样的一幅景象："车内有一对男女，他们急速运转的汽车突然间被后面的车追尾"，以这种手法来表现故事的情节。在场的观众在看到该场景后估计也会不自觉地惊呼。

原型3：节目运作人（show runner）

节目运作人不仅要会讲故事，还要在节目制作中能够与制片人以及其他编剧有机协调来实现团队合作。节目运作人的原型通常是"分集剧情的编剧，以及能够有效协调剧情并能发挥领导作用的人"。制作方通常对这些人寄予中等程度以上的创造性期望。

节目运作人必须具备卡里斯马型个性以及专业认真的态度，同时还能够协作完成团队工作。就创造性而言这个职位可能比不上"艺术家"和"叙事者"，但是在好莱坞却被寄予较高的期待值。一位娱乐公司的工作人员对"节目运作人"的意义作如下阐述：

  有好的想法固然重要，同时具备讲故事的能力亦十分重要，但是仅有这两项并不能产生优秀的作品。因为一部优秀的作品显然还需要其他的因素支撑，节目运作人就是这样重要的支撑要素。好的电视节目所需要的不仅仅是能写出好剧本的编剧以及能讲出好故事的叙事者，更重要、更繁琐的工作还在于节目运作人能够将这些融入到电视节目中。

原型4：新手（neophyte）

作品略显经验不足，又或者不够成熟老练，是新手的弱势，但有时候也可能成为他们的长处。这是因为新手虽然涉世未深，但这可能成为他们挑战新鲜事物和激发创造力的触发点。如果一个经验尚显不足的新手编剧能够在设定的场景中充分发挥自己的智慧和热情，那么可以将其归类到"新手"的原型中，并且可以对其创造性赋予中等程度的期望值。

描绘新手的词汇通常有"年轻写手、虽然有新鲜观点但是缺少实战经验"等。一位经验丰富的制作人这样说道：

  很多编剧新手是比较单纯的，而正是单纯使他们能够尝试新事物、写出新剧。①

---

① 关于该文的翻译比较难以理解，译者在对照了日文和英文原著后作出了上述翻译，原文为"A lot of people that create new shows are naive. It's that naive sort of approach that allows them to try these things."——译者注

原型5：熟练工人（journeyman）

虽然没有很高的创造性，但是经验丰富，在临场发生意外事件时能够灵活冷静处理。具备这样能力的编剧被称为"熟练工人"。描绘这类原型的词汇通常有"虽然没有概念和观点意识，但是在实践以及商业运作等领域比较擅长的编剧"，其创作潜力一般只具有中等程度。

在一些相对成熟的电视剧和电影系列中，如果被迫临时发生剧情需要改变等意外情形，这些被认为是"熟练工人"的编剧可以发挥重要作用。一位同为编剧的人对这类被视为"熟练工人"的编剧如此评价：

> 这些"熟练工人"虽然只相当于临时编剧，但是他们的资历却很深。一些30来岁的年轻人可能不愿意跟这些临时编剧打交道，或许甚至都不愿意一块用餐。但是这些年轻人依然尊敬这些"熟练工人"，因为他们总是能够在危难的时候发挥救世主的角色。这些年轻人虽然不希望这些临时编剧时刻都在自己身边，但是万一遇到意外，还要能够临时编出好的剧本（至少不至于失败）时还得指望这些临时编剧。

原型6：交易者（Dealmaker）

相较于剧本和艺术性，交易者往往与"擅长交涉和有效经营"等原型结合起来。交易者一般被赋予"擅长将他人的观点推销出去并且积极展示商业价值"等原型。这类人较之原创性的剧本，更善于从商业的角度对剧本创造予以交易。具备这一类原型的"投手"一般被认为是可以将其他编剧的剧本成功出售，并且能够与其他编剧展开合作的人。

交易者类型的编剧熟知业界的专业用语，擅长商业推销展示，在推介会和展销会等场合十分具有自信。例如，有一位交易者这样说道：

发现电视台的弱点，并且有足够的信心说："我能解救贵台周二八点档节目收视率不振的问题。"这就像医生可以很自信地说出"我能有效治疗你的关节炎，你愿意听从医嘱吗"一样。然后对电视节目中出现的问题对症下药。

交易者一般都是经验丰富且有能力的职业人士。但是他们一般来说在创造性上并不具有较高的水准，他们不同于一般意义上的艺术家类型，个性与才能与他们无关，但是在具体的问题领域能够发挥积极的作用。

原型7：不会创作的人（Nonwriter）

在推介会上有些制作人会说出"这人没有创造性"之类的话。这时与之相对应的原型是"不会创作的人"。这类人士是"那些不具备写作才能，只会用数字拼接的人"的原型。这些人在专业的编剧看来显然是不入流的。

如何判断一个编剧不会创作呢？大概有如下四种线索可以用来断定。（1）对自己的观点和主张缺少热情；（2）推介会上所用语言乃陈词滥调；（3）嘴上功夫很好肚子里却没有墨水；（4）看不出其作为编剧的潜力在哪里。

如果在推介会的开始阶段就表现出上述弱点，那么基本上"接球手"已经可以断定他是一个不会创作的人了。而且这种最初的消极印象很难在后续的表现中缓解，针对该问题一位制片人这样说道：

第一印象十分重要。如果编剧在一开始就表现出对自己的创作不自信，或者说唯唯诺诺，企图用其他行动来掩饰自己创作的短板，那么这种意图一旦被发觉，接下来挽回的可能性几乎为零。

一个小小不合适的举动极有可能让制作人认为你不具备创作能力。一位制作人结合自己的亲身经历对两个不具备创作潜力的人作如下评价：

> 我曾经遇到过两个女性编剧。她们在推介会上都戴了高价的帽子。其实在自家电脑面前创作剧本时，她们恐怕不会戴帽子的吧。真有水准的编剧在推介会这样的场合也不会刻意戴帽子的吧！

相较于优点，一个人所暴露的缺点似乎更容易被发现。这是因为，在推介会的场合，制作人往往更容易在缺点上达成共识，而没有创造性这一缺点正是制作人最着重观察的。

判断过程的第二步（与调查对象相关的原型）

以上的分析验证了"社会性判断理论"主张的正确性。即使是专家也跟实验室的学生一样，大都会对应着心中的原型来判断一个人是否具有创造性的潜力。

但是，埃尔斯巴克和克雷默同时也发现，这种依据原型进行判断的过程并不是唯一的方式。他们通过研究现场收集到的采访数据发现，"接球手"的一些行动出乎他们的意料。

具体来说，"接球手"在推介会的现场还十分留意观察自己的反应。"接球手"在这种场合不仅关注"投手"的言行举止，也会留意自己在多大程度上对推介的内容感兴趣。据此"接球手"有可能作出一些让人意想不到的评价。

一些极端的情况，比如"今天我状态很好、兴趣膨胀，这编剧肯定很有创造力"等积极判断。当然还有"今天状态不行，没有被吊起胃口，可能是编剧水平不行的原因吧"等消极判断。

当然，原本与创造性毫无关联的制作方的心情和态度最终影响到创造性评价的毕竟是少数。但是，一些机缘巧合打开话茬并聊得越来越投机的场合总是有的。又或者是自己对编剧提了一个好问题恰巧编剧的回答又让你满意，这种场合给编剧较高评价的情况也会时不时地出现。比起对方的创造性，貌似自己的心情等主观上的原因导致给对方较高评价的现象显然是有可能的。

这难道不算是意外发现吗？埃尔斯巴克和克雷默在调查中注意到，当"接球手"自己饶有兴趣地专注于推介的话题时，往往会给作推介的编剧以较高的评价。

也有一些因话不投机而被给予较低评价的例子，最终这些编剧的剧本不被制作方采用也时有发生。在这种情况下，对于这些被低估的人来说并不会感觉是对他们才能的否定，因为在另一个推介会上他们的剧作可能会受到正确的评价，现实中这种咸鱼翻身的例子不胜枚举。

其实在大多数情况下，都是先由推介人发起话题（试图引起对方注意），然后才有制作方表示对话题的兴趣。在推介人话题的刺激之下，制作方会抛出一些与之相关联的问题，但是推介人显然对这些问题事先心中有数，这是一种良性的互动。据此，埃尔斯巴克和克雷默将其称为"推介人和制作方关联性"的判断过程。

在发现这一问题后，埃尔斯巴克和克雷默所作的分析具体如下：

（1）与作为评价对象的推介人建立怎样的关联性才能知道推介人是有创造性的？针对这一问题，他们对经纪人、编剧以及制作人共14人进行了追加采访。

（2）让14名相关人员对上述印象深刻的关联性进行回忆。然后调查这种关联性如何影响他们对推介人的评价。

（3）对那些作为创造性判断依据的关联性进行分类并编码化。

通过进行采访并展开分析，关于"接球手"的评价机制，他们发现了如下这种情况。

如果制作人被编剧的剧情所吸引并且陷入积极的讨论中，那么制作人和编剧极容易生成"对等且高度合意的关系"，制作人也会认为该编剧是十分具有创造性的。相反，如果制作人感觉编剧的推介并不成熟，并且会不自觉地提供建言和指导的话，那么两者之间极容易生成"单方面的指导和建言关系"，制作人会据此认为该编剧并不具备创造性。

如此一来，制作人往往会根据自己在多大程度上被剧情吸引来确认自己同编剧的相互关系，并在此基础上判断该编剧是否具有创造性。制作人不再以制作人的立场，而是以被剧情和话题所引导的个人身份来评价编剧的创造性。

就制作人而言，如果自己热衷于剧情和话题的讨论，并且在同编剧的讨论中产生"自我（self）/我们（we）"关系，那么制作人自然会认为"我们"是"对等且高度合意的关系"。相反，对于一些自己没有兴趣提问或者提问之后反而像是在教育对方的推介，又或者说编

表4-2 与关联性相关的两类原型

制作人与编剧的关系	线索（Cues）	制作人对创造性的判断
对等且高度合意	集中精力聆听 积极参与讨论 讨论中使用"我们""咱们"等词语 不断地提出问题 边点头边说"原来如此"或类似表示 给编剧提出自己的主张和想法	高
单方面的指导和建言	像上课一样教育对方 对对方的话题不关心 口头上的争吵和争议 要求对方最好按照自己的意见去做	低

Elsbach and Kramer（2003），p. 295.

剧完全不能领会你的意思且纠缠不清的场合，制作人自然会认为双方是"单方面的指导和建言关系"。

制作人基于怎样的线索来判断自己同编剧的关系呢？埃尔斯巴克和克雷默将这两种原型与线索相对应，具体如表4-2所示。

对等且高度合意的关系

这种对等且高度合意的关系并非是双方各自创造出来的，而是在双方互动和相互作用的基础上产生的良性关系。因为某种机缘巧合或话题投机，制作人也积极地投身到编剧的话题中，并最终对编剧的创造力作出积极的评价。

至于如何判断制作人被编剧的话题所吸引，大致有如下两个线索可供参考。第一是从认知上判断。如果制作人自身表现出积极为编剧的剧情贡献自己想法和建议的话，那么基本可以认为二人的关系是"对等且高度合意"型的。

第二种是从情感（情绪）上判断。如果制作人对编剧的话题表现出兴奋且热议的情绪，那么也可以认为二人的关系是"对等且高度合意"型的。至于这种关系性的类型是认知上还是情感上的，则要视具体情况而定。

关于这一问题，一位制作人在采访中说道，自己被编剧的剧情深深吸引，简直像是着了魔一样。

那是一场情景喜剧系列的推介会，你会感到总有一种不可思议的能量在涌现。也不知道是谁娱乐谁，甚至都不知道剧情到底是否搞笑，总之我们与编剧融为了一体。这种情形下的推介会无疑是最理想不过的了。

Elsbach and Kramer（2003），p. 297.

图4-1 人物与关联性的二元评价模型

就好像被施了魔法一样，制作人也在不知不觉中置身其中，甚至会认为自己也是一名出色的编剧，并完成了这样伟大的作品。这种相互间的赞美竟然生出了一种英雄惺惺相惜的感觉。

以上两个过程极有可能是按照顺序先后发生的，也有可能是同时进行的。但是，制作人往往都是在推介会刚开始几秒钟就有可能对编剧进行定性，以及将其与心中的"原型"相对应。同理，无论制作人对编剧的定性以及对照的原型如何，双方间的关联性以及相互作用的确立也是在最初的几秒钟就已经形成。

笔者作为一名教师，也有过多次面试别人的经验，因此对于上述的两个过程深有同感。当然，我们要对人物和研究内容进行评价，但是如果对面试对象提议的内容感兴趣并且因此提出了几个好的问题和好的想法，自然就会深入对话题的探讨，并且会对面试对象留下较好的印象。说得极端一点，最终的评价甚至完全脱离最初的意图和构想，而是随着话题的逐步探讨而随之作出评价。

当然，这种情形不仅仅出现在对一个人的创造性进行评价中。对于一般的面试，也往往会出现类似的情况。

反过来说，如果作为推介人的编剧能够激发出制作人的创造性的话，那么毫无疑问该编剧肯定被认为是有创造性的人才。一位在好莱坞比较知名的制作人在其自传中这样写道：

> 作为制作人也应该加入到剧本创作的行列中去，制作人要贡献自己的想法才行。当然，作为制作人一般都是十分想了解剧本概要的。在了解剧本的瞬间，制作人也能够发现自己在这一领域的创造性潜力的话，是最理想的状态。①

这样，编剧通过与制作人之间积极良性的互动，从而提升其在制作人心中的地位，这也是编剧获得制作人认可的一种策略。很多有经验的编剧都对这一事实"供认不讳"。

单方面的指导、建言关系

与"对等且高度合意的关系"相对应的是"单方面的指导和建言关系"。在这种关系的原型中，制作人认为自己在剧本创作等领域要比参加推介会的编剧更有水准。

具体来说，在遇到如下场合时，可以认为（至少在制作人看来）双方的关系是"学徒和师傅"的关系。

- 制作人对推介内容并没有表现出兴趣。

---

① Linson, A., 1996. *A Pound of Flesh: Perilous Tales of How to Produce Movies in Hollywood*. Grove Press, p. 44.

- 制作人认为自己的观点以及提案并没有获得编剧的认可，并且为此而不满。
- 制作人认为自己比编剧更熟悉编剧这个行当。

最终，制作人会认为编剧经验和潜力不足而给予消极评价。有一位制作人对此指出：

> 编剧固执己见，丝毫听不进制作人的任何建议，这样的情况下推介会恐怕不会进展顺利。对于我而言时间宝贵，如果我的意见没人理会的话，我也就不会专心投入到推介内容中，而是转而思考其他事情和业务。

当然，参与推介会的年轻编剧也知道制作人可能并不满意自己的作品。例如，一位编剧指出，如果制作人完全按照规则行事提出这样或那样的要求，或许就是对方对自己不满的证据。

> 突然开始略带烦躁地说："你得这样做，你得那样做。"又或者说："你得有个大纲。"制作人似乎是为了维护些什么才说出这些话，而这时你多半已经明白这不过是他们为了拒绝你而寻找的借口而已。

埃尔斯巴克和克雷默之所以指出上述倾向，是因为在他们看来制作人总有一种自负认为在创作上比编剧要得心应手，而这种自负会不自觉地唆使制作人产生指导或者说教编剧的冲动。而这仅仅是单纯的"指导和建言"，他们并不会因为说教而产生出要跟编剧合作或者共同发挥创造力来策划好剧本的意识。

居于最高层次的学术研究范式

埃尔斯巴克和克雷默的研究最大的贡献在于他们发现了与"关系"相关的"原型"的存在，即"对等且高度合意的关系"和"单方面的指导和建言关系"两种关系类型。这种关系类型的发现必须有赖于对编剧和制作人双方进行周密的观察和采访，这是他们验证假说成立必不可少的步骤。

该研究范式最值得推崇的地方在于对现场情境和脉络的有效把握。埃尔斯巴克和克雷默主要通过下文的三种方法实现了对现场情景和脉络滴水不漏的观察。

第一种方法是直接观察。在调查研究的28个编剧推介会中，他们直接参加了其中的5个由制作公司召开的推介会。

第二种方法是有效使用视频材料。在调查的28个编剧推介会中，有7个是他们直接从大型制作公司那里获得的现场视频资料。

这两种方法的好处在于推介会结束后，他们都可以直接对制作人进行采访，比如询问"哪里让您满意，哪里让您不满"等问题。当然也会问及在进行创造性评价时参照的"原型"等问题。由于采访是在推介会结束不久，所以一般比较容易获得更直接、更真实的回答。

埃尔斯巴克和克雷默指出，他们参加这种推介会，可以有效把握某一特定的推介会是以怎样的方式进行，以及基于何种标准评价一个编剧的创造性，这有助于增进对假说的理解。

笔者本人也曾经多次在现场直接观察，随后对相关人士进行采访，这时从采访中获取的信息有着特别的意义。如果隔一段时间再进行采访恐怕就不会有那么多原汁原味的东西了，即时采访总是能够把当事人的真实想法给挖掘出来。

第三种方法是在采访的时候让那些参与调查研究的编剧和制作人尽可能再现推介会的情形。在调查的28个编剧推介会中，其中16个是通过当事人的回忆予以重现的。大多数的推介会持续20分钟左右，因此他们可以尽可能地把推介会的详细情况阐述出来。埃尔斯巴克和克雷默从中挖掘了一些编剧与制作人之间良性互动的例子，并且展开了上述关于"关联性"的研究。

当然，这种回忆式的研究方法不可避免地会出现一些当事人主观偏好以及记忆模糊等负面因素，这样会导致与真实情况相背离的结果。但也不是完全没有好处，埃尔斯巴克和克雷默可以在采访的过程中随时就他们感兴趣的部分追加确认，这是现场直接观察所不具备的优势。在重现当时情形的过程中，对编剧和制作人之间的相互认识等问题也可以进行比较直观的分析。

埃尔斯巴克和克雷默在观察的同时还对众多的当事人进行了采访调查。他们非常重视质和量的平衡，在接受采访的当事人当中，有17名编剧、13名制作人以及6名经纪人，从这些多角度、多立场的采访数据中，他们获得了关于编剧与制作人相互认识的重要信息。

俗话说"不入虎穴焉得虎子"，这项研究如果得不到制作方以及编剧许可得以进入现场观察，是不可能获得上述重要的信息的，当然也不会产生如此重要的研究成果。同时，他们被获准使用推介会现场的视频以及对当事人进行采访，也为他们在该研究中打破通说作出了重要贡献。

关于案例研究的一点建议

我们能够从这篇最优秀论文奖论文中学习到什么呢？用一句话来概括就是，基于现场和情境进行信息收集的重要性。埃尔斯巴克和克雷默的研究正是足够重视现场和情境的重要性才发现了这一打破常规的现象。

那么接下来笔者就现场和情境的重要性主要提出两点个人建议以供读者参考。

现场解决疑问

第一个建议是有疑问直接在现场解决，因为有很多信息是脱离现场之后就没法再确认的，所以如果条件允许，一定要在第一时间对当事人进行采访，一些一时很难用言语、文字来表达的感想说不定在这种采访中就会不经意流露出来。

在人类的知识体系中有这样一种知识，它虽然贮藏在我们的头脑中，但是却无法用语言和文字加以形容和表达，这种知识一般被称为"隐性知识"（tacit knowledge）。

而现场可以造就一种将这种"隐性知识"变成"显性知识"的环境。这是因为在现场的那种氛围中，一些不确定性或者说一些外界不经意的刺激都有可能将那些不好用语言组织的想法顺利地表达出来。

本章中所使用的一些可以用来作为评价创造性"线索"的关键词其实大都是基于对现场语境的理解而总结出来的。因此当事人对这些关键词有着最直接和最深刻的体会，也正是因为这样，埃尔斯巴克和克雷默才可以在此基础上还原当时情景的概念、定义以及假说。

在本章开头曾介绍过冈田学是日本市场营销领域的达人。他的成功之处在于能够基于语境准确理解顾客的需求，并且在此基础上创造出市场所需要的概念体系和商品。

比如冈田在创造国内旅行杂志"Jalan"（日语为"じゃらん"）时，曾就国内旅行的情况进行过调查采访。当被问及是否有过国内旅行的经历时，大多数受访者都说没有。冈田十分惊诧，作为日本人没有在国内旅行是不可能的。进一步询问下去，这些受访者会不经意地说出"去过国内某某滑冰场"、"去过国内某某温泉"之类的话，这就是"旅行"啊！只是被问及"国内旅行"这种严肃且貌似高端的问题时，一般人都会认为是那种导游举着旗子组团的旅游。

冈田了解到这一情况后豁然开朗。在他随后出版的关于国内旅行的杂志中，都避免直接使用"国内旅行"之类的宣传口号，而是采用"预约日本"等轻松的词汇。

只有在现场获取到的信息才是最有价值的。无论是市场试点还是实验室实验，在产品和技术开发的最后环节，接受市场的检验是最重要的。

将假说带到现场

第二点建议是将事先的假说带到现场并进行针对性的验证。

现场虽然很重要，但也不要指望在毫无理性、毫无准备的前提下可以从现场发现什么。在笔者看来，如果没有一个明确的视角、分析框架以及假说，即使到了现场，能获得的信息也很少。只有在具有明确假说的前提下，才能结合现场的情景作出"是"或者"否"、"相同"或者"不同"的判断，也才能在此基础上挖掘"否"在哪里以及"不同"在哪里等问题的根源。

当然，在实际调查过程中有时会发现现场与假说完全背离的情况。这时如果固执于假说的权威性，就是不可取的了。

案例研究的一个重要特征在于不能够过度拘泥于检验的严密性，而应本着灵活运用的立场探索案例的本质。只有这样才能以出乎意料的形式发现案例的本质属性。

埃尔斯巴克和克雷默的调查如果只看到人物的"原型"，那就会忽略掉关联性的"原型"。在对现场进行调查的过程中，他们发现制作人在评价编剧的时候有时会发表主观的意见以及表达制作人的感情等问题，这时他们转变视角，从而发现制作人和编剧相互作用的关联性问题。他们的这种发现是既往研究中一直被忽略的问题，如果不对现场予以密切观察的话恐怕也不会发现这一意外事实。

他们根据收集到的信息数据不断地改变视角并试图在研究上有所突破。事实上他们曾经先后三次对编码化进行修改，就研究而言这并不是一个轻松的课题。

也或许是因为有了固定的假说，才促使他们发现在现场还有可能存在颠覆固有假说的事实存在，即"除了人物原型还有其他因素会影响到对编剧创造性的评价"。那么，通过假说不能够进行充分说明的部分，就有赖于现场调查予以论证了。

第5章

"医疗革新"未能得到普及的原因

"看不见的壁垒"阻碍专职集团

20世纪80年代,在企业经营管理领域流行着"卓越企业"(excellent company)这一词汇。管理咨询公司麦肯锡(McKinsey & Company)调查了美国的43家高收益公司,推导出八项"卓越企业的条件",写成的书籍成为当时的全球畅销书。①

卓越企业的共通条件为:(1)重视行动;(2)接近顾客;(3)自主性与企业家精神;(4)以人为本、提高生产力;(5)立足于价值观的实践;(6)坚持本业;(7)组织单纯、总部精简;(8)宽严并济。

每一项条件都令人拍案叫绝道"原来如此"。许多实业家深信,只要同时具备这八项条件,卓越企业就能一直卓越下去。因为他们相信"满足八项条件的企业会成功"这一假说。

然而,那些被列举为"卓越企业"的知名企业其后陆续陷入业绩恶化的困境。所谓的满足八项条件就能一直卓越下去的说法终究只是幻想。

如果冷静地重新审视这个假说,我们会发现,从学术的观点来看,"卓越企业"的调查方法存在若干问题。让我们回顾一下麦肯锡公司推导卓越企业条件的顺序。

---

① 汤姆·彼得斯、罗伯特·沃特曼著,胡玮珊译:《追求卓越》,北京:中信出版社,2012年。(Peters, T. J., & Waterman, R., 1982. *In Search of Excellence: Lessons from America's Best-Run Companies*, Harpercollins.)——译者注

（1）罗列出实现高业绩的企业。

（2）寻找高业绩企业所具备的特质和条件。

（3）如果高业绩企业之间存在共通的特质及条件，则将其视为高业绩企业应具备的条件。

这种顺序看似正统，然而囫囵吞枣地接受由此推导出的结论，其中却存在危险。因为这种手法未必筛选出了高业绩的主要原因。因此，当具备了如上特质的企业无法仅凭这些特质维持高业绩时，我们无需感到惊讶。

卓越企业调查顺序所能推导出来的不过是"必要条件"。所谓必要条件，是指某事物若要成立则必须具备的条件。也就是说，要想成为卓越企业，就必须满足某些条件，但这并不意味着只要满足了这些条件，就一定能走向卓越。

当然，对于实务家而言，即使仅仅了解了"必要条件"，也可以令自己的商业发展得到启发（参照第7章）。不过，若要充分考察因果机制，就需要进一步的调查。

必要条件与充分条件的关系如下文所述。

必要条件与充分条件

假如只要满足条件A，就一定能够实现高业绩，那么条件A就是实现高业绩的充分必要条件。然而，假如满足条件A的同时没有满足条件B，这时高业绩未能实现。那就是说，A虽然有可能是必要条件，但绝对不会是充分条件。这意味着，只靠A或B的话，不见得一定能取得高业绩。

反过来说，假如只要满足条件A或条件B，就能收获高业绩，那

表 5-1　必要条件和充分条件的主要类型

条件	结果	条件 A 的性格
A	→ 高业绩	A 是充分必要条件
A 和 B	→ 高业绩	A 是必要条件，不是充分条件
A 或 B	→ 高业绩	A 是充分条件，不是必要条件

田村正纪：《研究设计》，白桃书房，2006 年，107 页（部分节选）

么条件 A 和条件 B 都是高业绩的充分条件。但是，A 和 B 并非必须要满足的条件，因此两者都不是必要条件。

就卓越企业的调查而言，即使找到了企业实现高业绩的共通条件 A，也不见得只依靠条件 A 就够了。说不定还存在另一个条件 B，如果不具备条件 B，就有可能无法实现高业绩。

再者，卓越企业调查所推导出来的八项条件中，未能包含"经营资源"及"业界竞争的激烈性"等重大因素。

为了推导出卓越企业的条件，麦肯锡公司应该将以上各条件作为最初的假说，然后通过补充调查来提高准确性。

其中一个方法是，采取和之前截然相反的顺序。如果认为以上八项条件带来了成功，首先应找出具备这八项条件的企业，然后调查这些企业的业绩。

（1）罗列出同时具备八项条件的企业。
（2）调查满足这些条件的企业是否成功。
（3）如果满足这些条件的企业都很成功，则把这八项条件视为获得成功的充分条件。

通过从反方向着手，更容易看清这八项条件是否是充分条件。所谓充分条件，是指确保事物能够成立的条件。假如满足了八项条件就能取得高业绩，那么这八项条件就是充分条件。相反，假如满足了八项条件后，仍有企业经营不善，那就意味着还隐藏着某个决定企业成败的重要因素。也就是说，这八项条件并不能保证结果的成立。

本章为避免武断推导结论，首先想让读者加深对比较分析手法的理解，然后通过比较分析来介绍寻找"黑天鹅"的方法。

契合法

介绍了卓越企业的调查手法，想必有的读者觉察到这是一种人们很熟悉的比较法。确实，这是比较法中的一个常用套路，是19世纪哲学家、经济学家约翰·斯图尔特·密尔（John Stuart Mill）所倡导的"契合法"（method of agreement），历史相当悠久。

契合法是指，把显示同一结果的复数案例进行对比，探寻相通要因，即推论带来共通结果的要因的方法。基本上可以说，这是筛选必要条件的合适方法。

既然如此，让我们试着采用契合法来寻找卓越企业的条件。首先，把达到一定程度的企业定义为成功案例，选取出案例。然后，参考自己的知识储备，筛选出所有导致成功的要因。假设想出了A、B、C、D、E五个要因。接着，寻找所有案例的共通特质。

表5-2　采用契合法进行推论

	候选原因					结果
	A	B	C	D	E	
案例1	○	×	×	×	×	○成功
案例2	○	○	×	×	×	○成功
案例3	○	×	○	×	×	○成功
案例4	○	×	×	○	×	○成功
案例5	○	×	×	×	○	○成功

假设分析结果显示，五个案例的共通特质只有一个。例如表5-2中，共通的特质为A。这时推论出A是成功的要因。而B、C、D、E等其他要因的有无不影响结果。因为不对结果造成影响，所以不把它们当做成功的要因。

当然，并不是说只要满足A就一定能获得成功。

差异法

此外，哲学家密尔还逆向发散思维，想出了"差异法"（method of difference）这一比较方法。契合法是对同一结果的复数案例进行对比，而差异法则是对不同结果的复数案例进行对比。

这个方法也是为了从少数案例出发，展开推论。差异法通过比较不同结果的复数案例，找出相互不同的要因，并认为该要因是导致结果不同的因素。极端地讲，就算仅仅对比两个案例，也可以实现有效的推论。不过，两个案例如果除了某一单个要因，其他要因都相同，就意味着只要满足了这一个条件就能获得成功，该方法适合寻找"充分条件"。

下面让我们用差异法来对比成功企业和失败企业吧。试着对比影响二者成败的要因，假设结果如表5-3所示，除了A以外其他要因都

表5-3　采用差异法进行推论

	候补原因					结果
	A	B	C	D	E	
案例6	○	×	○	×	○	○成功
案例7	×	×	○	×	○	×失败

一致。这个时候，因为只有A项有所不同，所以推论得知，A是导致业绩不同的原因。这就是差异法。

然而，即使通过契合法及差异法等比较法得出这样的对比结果，我们并不能断言A是成功的唯一条件。原因在于，要想采用比较分析法得出确切的推论，如下条件是非常有必要的。[1]

- 在列举了所有要因的基础上展开分析。
- 确定各要因不产生相互作用。
- 分析所有的因果关系及模式。
- 采用契合法后发现，除了一项要因，其他要因都各不相同。
- 采用差异法后发现，除了一项要因，其他要因都完全相同。

在实际调查中，要满足以上所有条件极为困难。即使打算把取得成果的所有要因都计算在内，仍有可能漏掉某些要因。

而且，当某要因与其他要因组合在一起发挥作用，从而做出成果，我们可能会忽略这一组合。例如表5-3所示，在满足要因C的同时，一旦也满足了要因A，就能获得成功。也就是说，A和C发生了相互作用。这种情况下，假如只有要因A，就不见得一定能成功。

况且，除了变量很少的情况，我们不可能分析所有的因果关系。因此，经由差异法和契合法推导出来的结论并不绝对。

既然如此，笔者为什么要在这里介绍差异法和契合法呢？原因在于，该类比较法所推导出的结论可以作为"假说"，在接下来的调查过程中发挥有效作用。

那么，在实际调查过程中，这些比较法是如何被应用的呢？接下

---

[1] Alexander L. George, A. L., & Bennett A., 2005. *Case Studies and Theory Development in the Social Sciences*. The MIT Press.

来笔者将介绍一个研究范本,帮助大家了解,研究者是如何通过反复尝试最初的假说及其他的假说以加深对事物的理解的。

最优秀论文奖获奖论文

此处要介绍一篇研究论文,讨论的课题是"为何有些医疗革新明明被证实有效,却未能得到推广"。[①]该论文将得到普及的医疗革新和未能得到普及的医疗革新进行对比,调查阻碍医疗革新普及的要因。

调查对象为事关人体健康、被严格把关的医疗革新。研究者把焦点集中于新药及新治疗技术的普及上。在发达国家的医疗领域,循证医学(evidence based medicine movement)是主流,循证医学主张在开展医疗活动时应遵循临床试验等证据。然而在实际的医疗现场,即使是已经被证实有效果的医疗革新,也未必能顺利得到普及。这是为什么呢?英国的伊万·法利(E. Ferlie)研究团队为了解开这一谜题,争取到了英国政府机构的支持,开展了以广泛采访为基础的案例研究。

他们在英国卫生保健领域选取了8个医疗革新进行调查,发现本应得到普及的医疗革新并未实现。要用"不可思议"来形容这件事似乎有些夸张,不过,这个调查结果已经相当出人意料了。法利试图通过研究找到其中的缘由。

美国管理学会在授予该论文最优秀论文奖时,作出了如下点评(2005年有两篇论文入选最优秀论文)。

---

① Ferlie, E., Fitzgerald, L., Wood, M., and Hawkins, C. 2005. The nonspread of innovations: The mediating role of professionals, *Academy of Management Journal*, 48(1): 117–134.

> **授奖理由**
>
> Academy of Management Journal BEST ARTICLE AWARD FOR 2005
>
> 　　法利等人以卫生保健机构为研究对象，展开了细致的调查。为什么同样是"有据可循的医疗革新"，某些革新能够得到普及，而某些革新却得不到普及？他们致力于解开这个有趣的问题。即使是有科学根据的革新，人们的见解有时也会分化。因此，医疗革新不一定就能一条直线地推广普及，有时，其普及过程会变得相当复杂。著者通过彻底调查这一事实发现，医疗革新的科学根据是否准确、涉及部门是否复杂、各个专职人员之间的关系等都会影响到推广过程。该调查制定了非常慎重的调查计划，以此为基础进行了反复省察与调整，堪称研究的范例。
>
> （Academy of Management Journal 2006，Vol. 49，No. 5，875–876.）

两个阶段的调查过程

　　分两个阶段一边变更调查方法一边展开调查，是该研究的特征。尽管他们声称："从一开始就没采取严密的假说验证形式。"实际上在第一阶段，他们设定了两个假说。

　　〈假说1〉　医疗革新的医学依据越是确凿，该医疗革新就越能实现广泛迅速的普及。

　　〈假说2〉　医疗革新的相关机构及专职人员越是精简单一，该医疗革新就越能实现广泛迅速的普及。

　　乍一看，以上假说理所当然应该成立。既然医疗革新的效果得到了肯定，相关机构也比较单一，该医疗革新理应顺利实现推广。

　　然而，当研究者们选取了8个案例来验证这些假说时，得出的结果却与他们的设想大为不同。关于假说1，研究者发现，有的医疗革新尽管医学依据相当确凿，却没能实现推广。而有的医疗革新明明没有有力的根据，却能实现推广。至于假说2，有的医疗革新虽然相关机构精简单一，普及速度却处于停滞状态。可是有的医疗革新的相关机构相当复杂，却能得到很好的推广。

为了探明事情真相，法利等人把自己的调查方式调整为更加具有探索性的方式。在调查的第二阶段，为了推导出新的假说，他们采用差异法，将两个截然不同的极端案例放在一起进行对比。

〈极端案例1〉 有医学依据并得到广泛普及的案例（阿司匹林用于预防心脏二次衰竭）

〈极端案例2〉 有医学依据却未能普及的案例（计算机管理系统参与抗凝血疗法）

二者都具有医学依据，然而其中一个得到了普及，另一个却未能实现普及。通过对比这两个案例，想必可以推论得出影响普及程度的要因。

那么，比较分析的结果到底如何呢？除了依据的确凿性和医疗革新的单纯性以外，是否还能找出第三个要因？

笔者打算按照图5-1所展示的顺序，一个阶段一个阶段地详细说明。

第一阶段的调查

为什么某些特定的医疗革新得以迅速普及，而其他医疗革新却普及得相当缓慢呢？法利等人为了解开这个疑问选取了8个能够作对比的案例，并观察了一定的周期（1996—1999年）。

笔者根据 Ferlie et al.（2005）的内容自制

图5-1 两阶段的调查步骤

选取出来的医疗革新案例可以从两个角度进行整理。第一，是否有确凿的医学依据。在发达国家，"循证医学"作为医学界的标准思考方式，要求根据临床试验的结果来确定是否采用医疗革新。因此，在探索医疗革新的普及问题时，医学依据是否确凿是不容忽视的要因。

第二，医疗革新的复杂程度。有的医疗革新只是单纯的新药处方，有的医疗革新则跨越诊科，要求多方协作。可想而知，医疗革新越是复杂，普及速度越是迟缓。涉及事项较为单一的医疗革新，仅需一个组织和职业团队就能参与推广。而复杂的医疗革新则需好几个机构和集团参与其中并加入推广。于是研究者们认为，除了医学依据，医疗革新的复杂程度也会左右到普及的进程。

关于以上观点，可参见图5-2。图5-2按照"医学依据的强弱"和"医疗革新的复杂程度"，把医疗革新分为四个单元格。关于医学依据的强弱问题，根据临床试验等结果以及外部临床专家的评价来判定。复杂程度则是通过合计医疗革新相关机构及职业团队的数量来划分。

而且，每个单元格都包含两类案例。一个是急性护理（Acute Care，简称AC）的医疗革新案例。另一个是社区医疗（Primary Care，

医学依据

		强	弱
医疗技术革新	单纯	假说　医疗革新普及度高 （AC1）低分子量肝素用于预防血栓 （PC1）活用阿司匹林	假说　医疗革新普及度中等 （AC3）鼠蹊疝气的腹腔镜手术 （PC3）激素替代疗法
	复杂	假说　医疗革新普及度中等 （AC2）计算机管理系统参与预防脑中风 （PC2）糖尿病治疗	假说　医疗革新普及度低 （AC4）多种多样的生育护理 （PC4）物理治疗师的雇用

笔者根据 Ferlie et al.（2005）的内容自制

图5-2　案例调查对象的定位

简称PC）的医疗革新案例。所谓社区医疗，是指在人们身边提供各种便利的综合医疗，由当地医疗系统工作的全科医生来看诊。

之所以每个单元格都包含两类案例（AC和PC），是为了证明医疗性质不会影响假说的成立。比如说假如发现不论是急性护理还是社区医疗，只要是有确凿医学依据的单纯医疗革新就能得到广泛推广。那就增加了假说的正确性。

其实，即使大家并不理解各项医疗革新的具体内容，也能想象出该调查的主要结构。不过为了以防万一，笔者还是打算预先解说一下。

低分子量肝素用于预防血栓（AC1）

低分子量肝素是一种用于预防静脉血栓栓塞症的药剂。高龄患者做过下肢骨科手术以后，如果血栓到达肺部，会引发呼吸困难，导致生命危险。低分子量肝素能够防止血液凝固，预防血栓的形成。该药剂被应用于骨科手术后的早期预防中。

计算机管理系统参与预防脑中风（AC2）

口服抗凝血药剂可以预防脑中风，这一事实已经得到了医学依据的证明。为了预防脑中风带来的危害，人们开发了用于管理口服抗凝血药剂配给情况的计算机系统。医院里一般由实习医生确定治疗方式，而有了这个诊断程序，经验丰富的护士也能完成治疗。如此一来，可以为患者提供便利，使患者能够在家附近轻松地接受诊断。

鼠蹊疝气的腹腔镜手术（AC3）

鼠蹊疝气是指一部分小肠挤进大腿根部（鼠蹊部）的筋膜之间，该处皮肤向上鼓起的病症，俗称脱肠。传统医学采用外科开腹手术进行治疗；随着技术的进步，腹腔镜（内视镜）手术也开始被应用于治疗鼠蹊疝气。腹腔镜手术是在腹部开大约三个三至五毫米的小洞，把腹腔镜伸进其中一个小洞，用于映照腹内情况，然后把手术器械伸进其他几个小洞，进行手术操作。

多种多样的生育护理（AC4）

1993年，英国国家医疗服务体系（National Health Service，简称NHS）以医学为依据，出台了"改变生育方式"（Changing Childbirth）的政策，更改了所有女性都必须在医院生产的政策。政府允许健康女性选择在当地接受孕妇护理等多种选项。出台该政策的背景是，科学证明，女性如果能按照自己满意并接受的方式怀孕并生产，这对日后养育子女会产生良好的影响。不过，该政策也留下了一些重大问题尚未得到解决。如判定哪些女性的生育风险较低，应以哪种标准来判定？

阿司匹林用于预防心脏二次衰竭（PC1）

合理使用阿司匹林，可以有效预防心脏二次衰竭。随机对照试验（RCTs）证实了阿司匹林的效用。该预防法适用于社区医疗中的患者群体。众多患者选择采用这个简单的预防措施。

＊法利等人最初以为，该医疗革新只需社区医疗的医生参与，随

着调查的深入,他们发现如果现场没有护士帮忙,很难顺利展开工作。

社区医疗中的糖尿病治疗（PC2）

1989年,世界卫生组织（WHO）与国际糖尿病联盟（IDF）公布了《圣文森特宣言》(The St. Vincent Declaration),为了预防糖尿病患者发生失明、肾衰竭、坏疽、冠状动脉疾病、中风等病症,让患有糖尿病的妇女能够像正常人一样怀孕,建立了各种原则。该医疗革新将这些原则适用于社区医疗,许多专职团队都致力于糖尿病的治疗。在英国,糖尿病患者人数高达总人口的2%~5%,而糖尿病还蕴含着引发慢性并发症的危险。英国国民健康保险的8%~9%的预算被用于治疗糖尿病,因此,糖尿病的治疗不仅是医学上的重要问题,还是政治上的重要问题。

激素替代疗法用于预防骨质疏松症（PC3）

长期以来,激素替代疗法在缓解更年期综合征上发挥了积极作用。最近几年,有人提出可以把激素用于预防骨质疏松症。不过关于这一见解,目前意见尚未统一,人们争论的焦点集中在医学依据的确凿性,以及引发乳腺癌的风险等方面。

*法利等人最初以为,该医疗革新只需社区医疗的医生参与,随着调查的深入,他们发现如果现场没有护士帮忙,很难顺利展开工作。

物理治疗师的雇用（PC4）

虽然缺乏医学依据,但是物理治疗的有效性在社区医疗广为人知。然而,多数医生认为,物理治疗只是用于腰痛等医学上难以处理的病症。由于患者对物理治疗抱有好感,采用物理治疗的医生逐渐增多。为此,医学界对物理治疗师及新医疗实践的需求在增长。

言归正传，法利等人的调查结果是怎样的呢？倘若如同假说所设定的那样，则医学依据越确凿，普及程度就应该越高。并且，医疗革新涉及方面越单一，越能得到广泛的推广。他们所预想的调查结果如下：

- 有医学依据并且涉及机构人员相对单一的医疗革新普及程度最高。例如，"低分子量肝素用于预防血栓"（AC1）及"阿司匹林用于预防心脏二次衰竭"（PC1）（图5-2左上）。
- 医学依据薄弱且涉及机构人员相对复杂的医疗革新普及程度最低。例如"多种多样的生育护理"（AC4）及"物理治疗师的雇用"（PC4）（图5-2右下）。
- 有医学依据且涉及机构人员相对复杂的医疗革新普及程度一般。例如，"计算机管理系统参与预防脑中风"（AC2）及"社区医疗中的糖尿病治疗"（PC2）（图5-2左下）。并且，医学依据薄弱且涉及机构人员相对单一的医疗革新普及程度一般。例如，"鼠蹊疝气的腹腔镜手术"（AC3）及"激素替代疗法用于预防骨质疏松症"（PC3）（图5-2右上）。

然而，调查结果并不符合他们设定的假说。表5-4展示了实地调查所了解的医疗革新普及情况。如果假说正确，医疗革新AC1和PC1应该位于表格的左侧（普及程度高），AC4和PC4应该位于表格的右侧（普及程度低），其他医疗革新应位于表格的中间位置。可是，表格中显示的实际情况却并不是这样。

若是按照假说所设想的那样，"低分子量肝素用于预防血栓"（AC1）这一医疗革新，涉及机构人员相对单一并且有确凿医学依据，按理说普及程度应该较高，位于表格的左侧。另一方面，"多种多样的生育护理"（AC4）这一医疗革新，医学依据薄弱并且需要各种机构参与其中，按理说应该被列在表格最右侧，然而却出人意料地普及程

表5-4　各种医疗革新的普及情况

高 ←		医疗革新的普及程度		→ 低
（PC1）阿司匹林用于预防心脏二次衰竭	（AC4）多种多样的生育护理	（AC1）低分子量肝素用于预防血栓 （AC3）鼠蹊疝气的腹腔镜手术 （PC2）社区医疗中的糖尿病治疗	（PC3）激素替代疗法用于预防骨质疏松症 （PC4）物理治疗师的雇用	（AC2）计算机管理系统参与预防脑中风

Ferlie et al.（2005），p.123（部分编辑）

度较高，被列在表格靠左的位置。至于"计算机管理系统参与预防脑中风"（AC2）这一医疗革新，虽然涉及机构人员相对复杂，但是医学依据确凿，按理说普及程度应该比较一般，没想到却被列在表格最右侧，完全没有得到推广。

由此可知，调查团队有必要重新探讨他们最初所设定的假说。法利等人采用其他方法重新分析了这次收集的数据，试图找出被掩盖的要因。

在此之前，笔者想说明的是，不论是听起来多么"头头是道"的假说，都有可能不符合最终的调查结果。重要的是，在这个时候，不要头脑混乱、感到"难以置信"，而应思考以后该如何重新修正研究。最糟糕的情况是，研究者有意无意地牵强附会，"这样解释的话或许就能符合假说了，那个问题直接忽略掉就行"。相反地，最理想的情况是，即使验证出来的结果不符合假说，也要正视事实，寻找真正的原因。

毋庸赘言，法利等人选择的立场是后者。他们执著于解开这个问题："为什么个别医疗革新能够迅速推广，其他医疗革新却普及得非常缓慢呢？"究其态度执著的原因，其一，这是实务当中迫切需要得到解决的问题。事实上，法利团队是受英国国家医疗服务体系（NHS）

委托才展开研究的。其二，该问题在理论上具有深远的意义，这点不容忽视。因此，法利等人重新回到原点，开始用其他方法寻找新的假说。

第二阶段的调查（其一）

通过详细调查极端案例，可以让之前未能发现的要因凸显出来。法利等人在第二阶段的开始，选择对比两个极端案例，试图找出影响医疗革新推广的要因。

同样是具有医学依据的医疗革新，有的普及程度极高（阿司匹林用于预防心脏二次衰竭，PC1），有的则普及程度极低（计算机管理系统参与预防脑中风，AC2）。尽管二者的医学依据都非常确凿，可是普及的程度却大为不同。

两个案例之间假如存在某些重大差异，该差异就有可能是左右医疗革新普及程度的原因。

这种推论方式源于本章开头所介绍的"差异法"。同样是具有医疗依据的医疗革新，一个普及程度极高，一个普及程度极低，法利等人把这两个案例放在一起进行比较，打算找出导致差异出现的原因。

参与预防脑中风的计算机管理系统（AC2）几乎未能得到普及，这个问题非常令人深思。因为医疗革新PC1，即阿司匹林用于预防心脏二次衰竭，与AC2在许多方面都有相通之处。

首先，与阿司匹林相同，通过采用AC2医疗革新，可以把固定业务转移到社区医疗。使地方医疗中心也可以向患者提供服务。而且，二者都具备强有力的医学依据，同样有着庞大的患者群体，方便管理处方，为患者提供便利，令患者感到欣喜。

笔者打算对各个案例进行简短说明，并展开对比。

广为普及的极端案例

广为普及的极端案例是PC1，阿司匹林用于预防心脏二次衰竭。在英国的地方保健中心，阿司匹林实质上已经在所有社区医疗机构得到推广。因为这一医疗革新不仅具备医学依据，而且还有促进推广的要因。

首先，政府在地方医疗政策上积极鼓励使用阿司匹林。阿司匹林被自上而下地导入医疗系统当中，政府可以跨越区域，从国家层面上把握阿司匹林的推广情况。阿司匹林的活用是事关众多患者的医疗革新。不仅治疗方法简单，而且价格便宜，患者容易接受。

患者们无需去很远的医院，只要在地方保健中心这样的机构即可接受治疗，其便利性受到了患者的欢迎。可以说，正是因为这些要因，阿司匹林的活用才得以广泛普及。

此外，该医疗革新的推广还存在这样一个背景。某个医疗中心的一个合伙人偶然间对阿司匹林的使用方法非常感兴趣，甚至积极地撰写相关的论文。论文出版以后，感兴趣的医生、护士以及相关职员集中在一起，就患者的定期诊疗问题展开讨论。而且每周都一起开会制定实施计划，并由护士负责监测患者。于是，定期监测观察患者的职责从医生转移到了护士身上。

用管理学术语来讲，自发推动变革成为"催化剂"，促使组织发生变革的人就是"变革推动者"（change agent）。在这个医疗中心，这名合伙人就成为了变革推动者，打破了过去的藩篱。

从医疗活动的管理角度来看，定期监测职责从医生转移到护士身上，这一点值得注意。把能委托护士负责的事情委托给护士，这样医生可以把注意力集中在只有医生能做的诊断治疗工作上面。

该医疗革新成功地横跨了医疗界的若干专职领域。在推广普及方面，顺利跨越了两个关键壁垒（某机构和其他机构的壁垒、医生和护士的壁垒）。

医生和护士都感受到了这一医疗革新的价值，因而产生动力参与其中。通过跨越专职领域的壁垒展开对话，双方得以重新定义各自的职责。所有专职职员在整体的看护过程当中拥有着共通的价值基础，成功跨越了各种社会壁垒。

未能得到普及的极端案例

与前者相反，参与预防脑中风的计算机管理系统（AC2）未能得到普及。

该医疗革新是一款管理内服药投放的计算机系统，用于预防脑中风。临床试验证明，服用内服药可以预防脑中风。随着技术的进步，只要有这个诊断程序，无需医生在场，经验丰富的护士也能独自进行药品管理。如果能采用该项医疗革新，就能和阿司匹林的活用那样，给患者带来便利，让患者能够在家附近的诊所接受诊疗。

然而，该医疗革新几乎未能普及，在试验阶段就已经陷入僵局。

此项医疗革新最初由地方保险公司以研究开发（R&D）为立足点率先倡导。核心的意见领袖（Opinion Leader）是心内科（循环内科）的医生，而非社区医疗的医生。在许多医院，由于心内科的外来患者数量较多，超出医院接纳范围，于是医生们讨论能否把高风险的慢性心脏疾患治疗转变为其他形式。

他们计划从三个侧面转变管理方式，预防脑中风。

（1）从医院转变为社区医疗。
（2）从实习医生转变为经验丰富的护士。
（3）从医生诊断转变为电脑系统的活用。

临床试验的结果证明了这一医疗革新的效果。因此，按理说，它应该和用于预防心脏二次衰竭的阿司匹林一样，理所当然得到推广。然而实际上，该医疗革新所需突破的壁垒（机构壁垒和专职壁垒）远比阿司匹林的案例多。

该案例的专职壁垒相当复杂，一方面涉及到医院系统的心内科医生、血液学研究者、实习医生，另一方面涉及到社区医疗系统的医生、经验丰富的护士，还有计算机系统的设计者以及健康保健方面的调研人员等。这些人由于教育背景不同，价值观与判断标准也存在不同。

只靠少数的变革推动者，是无法说服这么多机构的人群的。问题的关键是要把实施治疗的人选由实习医生转变为经验丰富的护士。医院的医生担心护士无法掌握最新技术。护士也担心自己无法承担这么重要的职责。而社区医疗的医生在没有任何特别支持的情况下若要实施这么复杂的项目，也会感到不安。各个机构及专职人士都互相怀有疑虑，难以消除。

比较分析具有对照性的案例

同样是医疗革新，计算机管理系统与阿司匹林活用极具对照性，都面临着跨越组织及专职壁垒的困难。对比两个案例可知，在不同组织及不同专职之间，未被普及的计算机管理系统所要面临的"壁垒"（社会和认知壁垒）更多。当然，得到普及的阿司匹林同样也存在着类似的"壁垒"。不过，由于各组织、各专职持有相通的身份认同和价值取向，也建立了牢固的关系，故而顺利跨过这一难关。

简而言之，上文的比较分析结果如表5-5所示。法利等人通过比较分析，推测到各专职集团间的"社会和认知壁垒"才是左右医疗革新普及程度的决定性因素。也就是说，尽管医疗依据确凿，但如果不

表5-5 极端案例的比较分析（差异法）

	候选原因					结果
	有无"壁垒"（社会和认知壁垒）	医学依据的确凿程度	所期待的效果	患者群体的大小	管理的便利程度	医疗革新的普及
阿司匹林（PC1）	○（无"壁垒"）	○	○	○	○	○（普及）
计算机管理（AC2）	×（有"壁垒"）	○	○	○	○	×（未普及）

笔者根据 Ferlie et al.（2005）的内容自制

能持有相通的身份认同及价值取向，未能跨越专职间的壁垒，医疗革新无法得到普及。医学依据的确凿性只是解释普及程度的必要条件，并不是充分条件。

第二阶段的调查（其二）

推导出假说以后，法利等人又采用娴熟的调查手段进行分析。比较分析的手法是用于推导笼统假说的一条捷径。然而若要把笼统的假说完善起来，就需要采取某种形式弥补缺陷。法利等人没有直接使用这个通过比较分析推导出来的假说，而是灵活运用现有的数据，对该假说进行复核。

作为第二阶段的收尾，法利等人的具体工作是把比较分析法推得的假说套在其他六项医疗革新案例上进行确认。验证结果得知，除一项例外，其余五项案例都因社会和认知壁垒而推广缓慢。

因此，原则上可以说，他们的新假说，即社会和认知壁垒是影响普及程度的原因，已经在其他案例上得到了证实。例如低分子量肝素用于预防血栓（AC1）、激素替代疗法用于预防骨质疏松症（PC3）、物理治疗师的雇用（PC4）这三个案例，都是因为医生、护士、助产士、物理治疗师之间存在较大的社会距离，未能得到很好的普及。虽然大家在同一空间开展工作，但是人与人之间的社会距离没有缩短。

有趣的是，在低分子量肝素这个案例中，由于各专职人员在同一场所工作，导致该场所充斥着各种想法，甚至拉长了职责变化的争论。

外科手术后一旦产生血栓，就会堵住肺部血管，引发呼吸衰竭；或是堵塞心血管，引发心脏衰竭。为了预防这些情况，就要用到低分子量肝素来进行抗凝血治疗。然而关于低分子量肝素，专业人士的意见又各有不同。因为尽管该医疗革新具有医学依据，但在外科手术的不同专业领域获得的评价并不相同。血管外科医生为了避免产生血栓，积极主张使用低分子量肝素。而心内科医生则担心低分子量肝素用量过度，引发出血、感染等风险。由于各专业对医学依据的解释各不相同，知识交流也就变得困难。

因此，虽然多个领域的专家在同一场所一起工作，但却没能形成一个共同体。

而医院与社区医疗对医疗依据也持有不同的观点。

医院是调查研究的核心力量，最为重视临床试验的结果。

与此相对，社区医疗的医生常常站在整体的角度来看待调查所使用的研究方法。他们不会积极地利用临床试验的结果，对于结果如何并不怎么关心。

其中一个理由是因为临床试验的研究领域集中于急性病治疗，并不符合社区医疗的情形。

另一个理由是因为临床试验把高龄患者排除在调查对象之外，而社区医疗的大部分患者都是老人。社区医疗的医生与患者及患者家庭建立了持续的联系，从病理学的多个角度诊断患者，这点也与大医院不同。

居于最高层次的学术研究范式

一直以来，人们认为专业程度高的组织会积极导入技术革新。从常理来看似乎如此，而且这在管理学的研究当中亦是主流观点。因为人们普遍觉得技术革新能够迅速地在具备专业知识的专家集团中推广。

然而，这种情况恐怕仅限于单一的组织。法利等人的研究表明，专职人员的人际网络只能做到在单一的专职集团迅速推广医疗革新。

而复杂的组织包含着若干专职集团。由于各个专职集团持有不同的价值观、规范及信念，就算医疗革新具备科学依据，各个专职集团仍有可能围绕科学解释展开争论。组织乃至专职集团之间都存在着"看不见的壁垒"，也许这就是阻碍医疗革新推广的原因。正因为多个专业集团各持己见，才会产生难以推广的情形。

无论是医生还是大学研究者，他们都属于专业人士，而专业人士组成的实践共同体擅长在共同体内部互相触发、学习并发起变革。可是，他们却不善于在外界的刺激及压力下学习并发生变化。这类人常常被揶揄为封在陶罐里的章鱼，确实，这类人很容易把自己封闭在狭小的共同体当中，也就是所谓的"自我密封集团"（self-sealing group）。

法利等人从学术的角度将专家集团自我封闭的特性界定为"社会和认知壁垒"。他们发现，在某专职集团和其他专职集团之间存在着"社会壁垒"和"认知壁垒"，这些壁垒就是妨碍医疗革新推广的原因。

防止研究迷失方向的"问题意识"

这项研究没有完全按照最初的计划那样顺利进行。虽然他们的调查设计非常出色，但是调查结果却和预想的大为不同。在这个时候，比较分析法发挥了重要作用。他们重新审视了自己收集的数据，选择两个截然相反的极端案例，找出导致差异产生的原因，进而推导出了假说。

在面对意料之外的调查结果时，为何法利等人仍能展开有效的调查？笔者认为他们之所以没有迷失方向，是因为他们从一开始就具有非常明确的"问题意识"。

有的人遇到与假说截然不同的结果时，反而发现了新事物。可以说法利等人正是这一类型。这是诞生新创意的一个经典过程。

但是，当调查结果与事先的设想相差甚远时，若要坚信"不是数据有问题，而是假说有问题"，那就意味着调查过程必须严密，要做到这一点并不简单。不仅需要认真做好调查设计，还要保证数据100%值得信赖。

如果是随随便便收集的数据，你可能会怀疑是不是数据有问题。你甚至可能会歪曲分析结果，力图使分析结果向预想的结果靠近。

不过，即使你制作了周密的调查设计，收集了可信的数据，要弄清调查结果为何与设想不同，也不是件容易的事情。法利等人由于在第一阶段系统地网罗了医疗革新的普及原因，并展开调查，所以才在第二阶段得以顺利展开比较分析。他们没有胡乱采取行动，而是重新审视调查结果，选择了另一个切入口进行分析。

法利等人仔细地设定了调查的焦点，并且设计了调查的方式。只要有了明确的焦点，就不会在数据的海洋中"沉溺"。还能够系统地选定案例。而且，通过逐一地认真展开调查，就算出现了意料之外的调查结果，仍然能够以过去的调查数据为基础，重新设定假说。这正可谓是，以调查结果为基础、以探索为目的的调查流派。

关于案例研究的一点建议

兼具严密性与灵活性

从法利等人的研究当中，我们至少可以学习到两点。

其一，为了防止在未知的领域判断失误，我们需要兼具严密性与灵活性。虽然我们面对的领域是未知的，然而我们不能不带任何问题意识或观点就直接奔赴现场去调查。当然，也有人认为这种姿态才是理想状态，不过这样做的话就要消耗更多时间。

法利等人为了不迷失在数据之中，重新设定了观察角度，系统地选取了调查对象。

正因为明确了问题意识，设定了要观察的角度，才有可能进行系统的比较。在未知的领域，如果不定好要观察的问题点，调查本身就会漂流不定。

如果问题意识非常明确，就有机会重新回到原点。在调查结果与最初设定的假说不一致的时候，可以从其他角度出发，或者从整体上重新考察，找出产生不同的原因。我们不得不承认，在数据的汪洋大海中，假如没有地图坐标盲目漂流，实在是太莽撞了。

决定比较项目、选取调查对象都非常重要。

但是这并不意味着要从头到尾采用最初的假说。倘若假说被验证是正确的，那当然是再好不过。如果假说是错误的，比较理想的做法是在此基础上接着进行有意义的探索和考察。为此，设定一个蕴含基本问题意识或是展示研究方向的假说相当重要。理想的假说应该具有一定的总括性和系统的框架。重点是要提前考虑到调查的灵活性，认真构筑假说。

反复推论

其二，我们还应学习反复推论。要想提高假说的准确度，围绕必要条件和充分条件反复推论非常重要。

本章开头介绍的"卓越企业"的调查过程中,首先找出成功企业共通的性质(契合法),推导出获得成功的必要条件。然后从调查结果逆推,得出八项"卓越企业的条件"。使用该方法已经足以调查出必要条件,然而若要确认这些条件是否也是充分条件,则需关注原因,重新调查。具体做法是,(不看业绩如何)选取出满足八项条件的企业,将它们与不满足八项条件的企业对比,确认满足八项条件的所有企业是否成功。

其实,法利等人就是基于相同的想法展开第二阶段的调查的。同样是具有医学依据的医疗革新,他们找出了一个广为普及的案例和一个未能普及的案例进行比较(差异法),发现"社会和认知壁垒"的有无是左右医疗革新普及程度的原因。

首先关注结果的不同之处,推导其中的原因。然后确认该原因是否适用于其余六个案例。可以说,这种方法关注的是原因而非结果,通过"重复试验"确认同样的情况是否仍会发生。

看了笔者的介绍,大家可能会觉得这个方法比较有难度。其实我们在日常生活中经常很自然地(有时是无意识地)在使用这个方法。首先从结果逆推假说,然后从原因着手确认假说,两者组合在一起,帮助我们更加接近真实。

第6章

风险企业并购中的"背叛"

卖方与买方的非对称性"信任"

好的案例研究到底是怎样的呢？要理解这一点，可以参考《NHK特辑》（NHK Special）[①]。该节目的纪录片有若干基本结构，其中与案例研究密切相关并值得参考的，是通过追踪过程来解开"不可思议"的方法。NHK利用其权威媒体的优势，或实时追踪，或围绕过去重大谜题，让"现在终于能够畅所欲言"的当事人接受访谈。作为新闻媒体，他们从多方面抽丝剥茧、发掘事实，最终的见解则交由观众来判断。

在突出"各自立场"的作品当中，有一个系列是《女人和男人》。女人和男人为什么会相互吸引？为什么会相互错过？该节目从脑科学和生物学的角度来解答这个问题。开篇解说词成功地挑起了观众的兴趣。

两个家族是宿敌，尽管如此，来自这两个家族的男女相爱了。他们的大脑里到底发生了什么？最新科学研究试图解开这个谜题。一直以来不为人知的心理机制正在逐渐揭开神秘的面纱。

研究发现，男女陷入情网时，他们大脑的同一位置会活跃起来。另一方面，同样互相爱着对方，大脑活跃的位置仍有不同之处。而男女大脑活跃位置不同成为二者相互错过的原因。

第一集让我们走近男女关系这一永恒的主题，探查其中的秘密。

---

① NHK系日本放送协会，为日本全国性的公共广播电视机构。——译者注

该节目采用了包括案例研究在内的各种调查方法，追踪调查男女陷入情网时大脑的活跃过程。

为什么人会产生爱情？调查发现，不论是女人还是男人，当他们坠入爱河时，大脑的相同位置（腹侧被盖区）将变得活跃。大脑分泌出大量的多巴胺，令人感到兴奋和快感。新泽西州立罗格斯大学教授海伦·费舍尔（Helen Fisher）指出，大脑为了记住快感带来的感觉，见到同一个人的脸时会更容易分泌多巴胺。

另一方面，无论坠入爱河的是女人还是男人，大脑部分区域的活跃度会被抑制。那就是"小脑扁桃体"和"颞顶联合区"，这些区域负责批判地看待事物。大脑分泌多巴胺令人心情愉悦的同时，还压制了对对方的批判，于是爱情得以发芽开花。

不过，尽管男女双方都产生了爱情，二者仍存在差别。

男人在恋爱时，与视觉相关的"岛叶"会活跃起来。正如"一见钟情"这句话所象征的那样："男人是用眼睛谈恋爱。"

听起来似乎比较轻浮，但从生物学的角度来看，这并非不可能。据说男人会无意识地去确认女人是否能为自己生下健康的孩子。

得克萨斯大学心理学家德文·德拉辛格经过调查后指出，胖瘦不论，腰围与臀围比例接近7∶10的女性身材是最令男性向往的。身材接近这个比例的女性往往比较健康且好生养，而且女性进入生育适龄期时身材会向这个比例发展。调查历史上著名的美术作品，人们震惊于原来有那么多美术作品中的女性身材比例为7∶10。

男人只要扫上一眼就能大致确定女性的身材，筛选自己的目标。然后用视觉捕捉对方的表情和动作，分析对方是否对自己有兴趣。

另一方面，女人谈恋爱时，与记忆相关的"扣带回"区域会变得活跃。这同样是为了生育。

在进化的过程中，人类开始直立二足行走，直立行走要求骨盆尽可能地窄。因此，女性产道的宽度极为有限。若要生下脑袋大的孩子，就只能早产。为了使大脑得到发育，又需要提供相应的营养。因此有必要和男人组成固定的组合，精心抚养孩子长大。同时，生儿育女期间，需要伴侣提供食物等，让自己和肚子里的宝宝有所依靠。

光凭眼睛无法判断对方是否会成为优秀的伴侣。因此女人需要提取记忆，弄清对方是否是值得信赖的男人。

尽管男人和女人表现出相思相爱的状态，然而男人和女人的观念完全不同。打开相思相爱的盖子，我们发现，原来男人按照长相、女人按照生活能力来决定伴侣，有意无意之间，男人和女人的判断标准与浪漫相去甚远。就算恋爱看起来很浪漫，最终目的还是为了留下子孙后代。虽说这是生物学家的观点，然而对于热恋中的情侣而言，说他们谈恋爱是为了生孩子简直是"难以置信"。

本章打算介绍的一种研究方法，是以不同立场的观念为着眼点，在追踪过程的同时解开不可思议事件的产生机制。

最优秀论文奖获奖论文

在企业管理中，选择合作伙伴是件非常重大的事情。本章笔者即将介绍的研究课题与风险企业的M&A有关，更具体地讲，是关于出售/收购的研究。假设你成功创立了一家技术型风险企业，现在正积极研究售卖企业的事情。有多家企业表示想要收购你的企业，你打算按照什么标准来选定买方呢？

针对这类企业买卖的决定过程，得克萨斯大学副教授麦丽萨·格拉布纳（M. E. Graebner）展开了研究。[①]随着收集到的数据越来越多，

---

① Graebner, M. E., 2009. Caveat venditor: Trust asymmetries in acquisitions of entrepreneurial firms. *Academy of Management Journal*, 52（3）: 435–472.

对企业买卖的最终决定产生重大影响的关键因素浮出水面。那就是信任。

提到企业出售/收购，人们常常会认为这是一个弱肉强食的世界，然而实际上未必如此。在美国，如果是未上市的企业，几乎所有的出售/收购都不是敌对关系，而是在友好的氛围下进行。而且，很多人误以为企业家出售企业时主要是看谁给的钱多，其实风险企业的领导反而更在意企业出售后员工的去向问题，希望找个值得信任的买家，把企业托付给对方。

所谓信任，是指在有风险的情况下，对对方的行动怀有积极的期待。

不过，太过积极地信任对方也存在风险。正如获奖论文的题目"卖方负责"所揭示的那样，假如卖方掉以轻心、没有多加注意，即使蒙受损失也是卖方自己的责任。美国管理学会在授予该论文最优秀论文奖时，作出了如下点评。

授奖理由

Academy of Management Journal BEST ARTICLE AWARD FOR 2009

该论文探讨了风险企业（创业型企业）收购过程中卖方和买方的"信任"问题。隶属各自立场的企业，在互相信任方面持有不同的见解，结果导致双方各自采取不同的行为模式（例如，欺骗对方的倾向不同）。麦丽萨·格拉布纳在调查企业信任问题相关文献的基础上，重点分析企业家精神中一直未被解明的部分，为学术研究的发展作出了贡献。

最优秀论文奖的一位评选委员赞赏道："论文的理论化过程极有创意。把'信任'引入企业并购的研究当中，不仅新颖，而且极具洞察力。"

（Academy of Management Journal 2010, Vol. 53, No. 5, 937.）

格拉布纳的论文当中相当有趣的一点，她不是单方面地从卖方或买方的角度追踪企业出售/收购的过程，而是同时从双方的角度展

开调查。卖方管理者和买方管理者之间与信任问题有关的观点是如何形成的呢？格拉布纳对此进行了调查。并且，信任是如何对买卖行为产生影响的呢？对此格拉布纳实时追踪调查了企业出售/收购的过程。

通过追踪企业出售/收购的过程，格拉布纳发现，如果双方没有磨合好信任关系，就可能出现如图6-1所示的过程，最终只会迎来意想不到的不幸结局。

格拉布纳整理了企业出售/收购过程的重要事项，将其分为五个阶段：（1）甄别候选企业；（2）高层人士的社交；（3）初步达成意向；（4）准备契约；（5）实施。

然后她发现，在各个阶段，卖方管理者和买方管理者在信任程度及认识方面都存在基本的不同。

笔者根据 Graebner（2009）的内容自制

图6-1 欺骗产生时的信任不对称模式

卖方管理者想要选出遵守事先约定、值得信任的合作伙伴。因为一旦把企业卖出去，卖方对企业的影响力就会荡然无存。

　　另一方面，买方管理者的立场则截然不同。对方是否值得信任并不是什么大问题。相反，他们更为重视对方的技术是否有价值，冷静地估算要花多少钱收购，并且尽可能地买到性价比高的企业。

　　信任方面的认识差异会给卖方及买方分别带来意想不到的结果。这是为什么呢？让笔者沿着格拉布纳推导的五个阶段，逐一进行详细解说。

　　另外，该研究所涉及的案例均发生在1999年至2000年的企业收购热潮期间。该时期正是所谓的互联网泡沫时代，针对技术型企业的收购极为活跃。主要调查对象为实际出售成功的8组案例。

　　数据收集原则上采用实时追踪调查。8组出售/收购案例当中，有6组案例是在收购过程中实时收集材料的。剩下两组案例的数据收集是在契约缔结后不到六个月时展开的，这样可以让当事人准确回忆起当时发生的事情。

　　表6-1展示了8组案例调查对象。

表6-1　参与出售/收购调查的对象企业

	卖方企业（化名）	买方企业（化名）	成交金额（百万美元）
（1）	莫奈	毕加索	500
（2）	火箭	北方	57
（3）	流行	阿玛	400
（4）	艾尔	哈巴	125
（5）	概念	卡尔玛	125
（6）	第一线	克雷兹	140
（7）	格里	西亚欧	15
（8）	斯帕/派拉姆	切克梅特	35

节选自 Graebner（2009），pp. 438–439

通往不幸结局的"五个阶段"

(1) 甄别阶段

首先，在甄别阶段，无论是卖方管理者还是买方管理者，都在尽可能多地寻找出售或收购的对象。并且从各个侧面相互评估，确认对方的生产线和己方的生产线能否互补，两者的技术是否相关等。

在这个阶段，对于卖方而言，可信与否是选择合作伙伴的决定性重要条件。他们会把值得信任的对象留在候选名单，把不值得信任的对象剔除。

关于对方是否值得信任，可以采用各种方法进行确认。如果过去存在合作关系，就以当时的经验为判断材料。如果自己的客户或合作伙伴很了解对方企业，就向客户或合作伙伴进行咨询。业界风评当然也能提供参考，不过如果可能的话，还是要通过直接接触来判断。

假如卖方管理者不信任买方管理者，那就不用商谈了。——查证候选买方，假如所有企业都"不值得信任"，则放弃出售，继续保持企业的独立性。

然而，买方管理者却并不在乎卖方是否值得信任。他们不会因为对方不值得信任就放弃收购。"不信任"不会成为买方排除收购的理由。事实上8家企业中有6家企业都不相信卖方企业。"对方是不是隐瞒了出售的理由？""是不是夸大了他们开发的技术？""他们是不是正在和其他合作伙伴进行秘密交涉？"他们一面怀有疑虑，一面和卖方企业继续协商。

(2) 社会交际阶段

甄别结束后，双方管理者进入社会交际（socializing）阶段。缔结出售/收购契约的8组企业当中，有6组企业的管理者在签订契约之前，选择咖啡店、自己的住宅、休闲娱乐场所等办公室以外的场所进行交流。话题内容涉及学生时代的回忆、兴趣爱好、人生哲学等，基本都是个人隐私。

对于这类交流，卖方管理者和买方管理者持有不同的观点。卖方管理者认为，通过这类社会交际，可以培养信任关系。个人与个人构建了真诚的关系，就可以确信对方是否值得信任。

买方管理者则把社交当做一种交涉手段。通过展开私人交流，可以收集到更多信息，同时还能让对方无法当场征询律师及财务顾问的意见，如此一来就能提高交涉的效果。

结果导致在信任问题上，买方管理者和卖方管理者的观念差异逐渐增大。比如说某个案例中，一方感觉已经形成了相互信任的关系，另一方却觉得彼此正在相互打探。

咖啡店恳谈后，对买方的疑虑毫不知情的卖方CEO认为，双方在这次恳谈中直爽地进行了信息交换："互相都学到了不少，并且都相当坦率，感觉开始信任对方。"

然而，买方代表却说，在这次会晤中，"我们从他们那里套出了不少情报（fishing）"。他把咖啡店见面当做提高交涉效果的一种手段。并且有目的地欺骗卖方CEO，促使对方同意出售。

（3）初步达成意向阶段

随着卖方和买方的交流不断深化，双方围绕基本方针交换意见并达成一致，然后准备签订《收购意向书》（LOI）。《收购意向书》不是合同那样的小册子，其内容只是比较简单，记录在薄薄一张纸上。

在纸上签字时需要注意一些条款。因为许多意向书都规定"禁止卖方和其他有收购意向的公司交涉"。一旦同意了这个条款，那么在卖方或买方放弃出售/购买，或是过了指定的时间段却仍未签订合同时，卖方才能和其他公司交涉。也就是说，这个条款具有排他性。

几乎所有的卖方企业都选择信任买方，在他们看来，《收购意向书》

基本等同于合同。卖方管理者误以为只要签了《收购意向书》，剩下的手续不过是形式上的东西。然而，倘若此时卖方管理者以为一切都尘埃落定，因而怠于资金筹措，会怎样呢？这个时候一旦买方突然抽身而退，卖方就有可能面临极为糟糕的事态。

另一方面，在买方管理者看来，《收购意向书》是最终下决定之前用于额外收集情报的手段。某公司执行董事指出，签订《收购意向书》主要是为了仔细确认对方企业的技术是否如己方所期待的那样，能取得好的成果。

进入这个阶段后，欺骗对方的言行也逐渐增多。

笔者还将在后文中详细说明，欺骗主要包含两种形式。一种是以交涉为目的的欺骗，在交涉过程中故弄玄虚。如买方企业暗示自己还有其他收购对象，卖方企业故意把价格说高，催促对方早点下决定、忽悠对方等。交涉过程中的这类欺骗，可以说是极为普遍的，当事者也不会把它视为致命问题。

另一种欺骗则会给对方造成惨重的损失，被称为"重大欺骗"。那就是虚假许诺收购后的人事和待遇。这已经超出交涉策略的限度了。例如，买方企业的欺骗行为主要表现为收购达成后对企业进行重组或解雇员工、改变企业战略，或者缩减管理职位的权限等。而卖方企业的欺骗行为表现为，虚假宣传自己的产品开发能力、核心职员于收购后离职等。比起交涉过程中的故弄玄虚，这种重大欺骗后果更加严重。

（4）准备契约阶段

签订《收购意向书》、在基本框架方面达成一致后，接下来就要进入准备契约阶段。具体言之，对企业内主要部门的核心职员进行确认，调查敌对企业的技术及战略计划，准备一份就算发生误解也能充分保证自身权益的契约等，都是这个阶段要做的事情。在这个时期，双方企业都会用心准备。对买方和卖方而言,这是他们避免自己因蒙受欺骗而损失惨重的最后机会。

不过,卖方管理者和买方管理者在准备契约方面的认真程度还是有所不同。卖方企业在这一阶段会最小限度地进行确认,而买方企业则谨慎周密地展开工作。

关于准备契约阶段中最小限度进行确认的理由,卖方企业作出了如下解释:①

> 即使有再厚的资料、再多的保证,光凭资料是无法解读交易精神的。我们不是为了这份资料而工作,而是为了两个企业能一起工作而工作。

假如卖方企业信任买方企业,卖方会认为反复叮咛以及合同上的各种预防措施都没有什么意义。其实大多数卖方企业要么完全不采取此类措施,要么只是履行了相对有限的提醒义务,最小限度地采取对策。既然是与值得信任的对象进行交易,卖方企业领导似乎并不怎么重视契约的准备过程。

与此相反,买方企业则非常认真地准备契约。他们周详地考虑到各个方面,会在契约中设定一个条款,要求款项等暂交第三方保管,待某种条件实现后再交付。这是为了避免己方因对方的欺诈而蒙受损失。事实上,8组出售/收购项目中,有7家买方企业充分履行了提醒义务,并准备了相应条款,以应对卖方企业可能出现的欺骗行为。而且买方企业还会认真确认卖方企业与客户之间的合同、考量卖方企业的技术水平、调查工作人员之间的关系等。

---

① 同前引,Graebner(2009),p.459。

（5）实施阶段

进入实施阶段后，"以交涉为目的的欺骗"和"以实施为目的的欺骗"的本质区别就会凸显出来。

"以交涉为目的的欺骗"很少会被摆在台面上讲。因为如果顺利缔结契约，一切按预定计划进行，一般是不会被拿来挑刺的。

但是，"重大欺骗"则另当别论，因为它早晚都会暴露出来。

假如收购完企业后开始重组裁员、调动办公室、改变技术相关战略，那会怎样呢？作出出售决定的管理层自然会感到被欺骗，核心职员同样也会发现自己被骗了，他们可能会选择辞职。

反应尤其剧烈的是卖方企业的管理者。"明明不谈公事、专门交流过人生观，而且双方还在员工的待遇问题等方面达成了一致"。纵然买方管理者试图从伦理的角度把"重大欺骗"正当化，卖方管理者恐怕仍然会觉得"难以置信"。

为什么买方管理者要进行这类欺骗行为呢？其中一个可想而知的理由是，买方管理者可能对人力资源以外的资产更感兴趣。如果是这种情况，那么就算员工辞职，公司也不会伤筋动骨。

不过，这次的调查对象是技术型风险企业。买方自身也明白，如果不能让员工发挥才华，企业就没有什么价值，优秀技术人才假如不肯留在企业，企业的价值就会降低。

其实，格拉布纳的调查显示，买方管理者是希望优秀员工留在企业的。然而，他们过于迷信物质激励的作用，以为只要给的报酬够高，就能平息员工的怒气。他们认为，即使员工感到被背叛，只要薪水够多，员工还是会留在企业继续工作。

由于存在这样的误解，其中一家买方企业背叛了卖方企业。他们破坏了之前"不改变活动据点，许可员工自律，活用企业技术"的约定。买方企业宣称，"我们花了很多钱才把你们买下来"，试图将自己的行为正当化。

但是卖方企业无法接受这一说辞。某卖方企业负责技术的执行董事讲道:"我们不是想要补偿,而是想要磨炼技术,做出成果,让人们看到我们的技术有多强,让人们都使用我们的技术。"因此,许多员工以"买方企业未能遵守非正式协议"为由纷纷离职。卖方企业管理层中有人强调:"这不是金钱能补偿的问题。"

据说买方企业领导后来发现,卖方管理层的离职对企业而言,相当于流失了有价值的资产。

非对称性信任所带来的"两种欺骗"

如此这般,由于信任关系存在非对称性,最终迎来了不幸的结局。格拉布纳认为,信任关系的非对称性不同,"欺骗"产生的几率也不同。

她所关注的非对称性,并不仅仅是指自己相信对方、对方却不相信自己之类的偏差。还包括一种认识偏差,即明明觉得自己已经得到了对方的信任,没想到对方却并不信任自己。

因为略微有些复杂,所以还是引用原文中的图表给大家介绍。请参见图6-2。图表共分两个轴线,即"自己是否信任对方"和"是否认为自己获得了对方的信任",从这两个轴线出发对调查结果进行了整理。关于前文所述的两种欺骗,可以通过这个图表纵观卖方管理者和买方管理者的各自观点。如果企业有"欺骗"行为,就在该企业的后面画"√"。由表可知,同组企业(序号相同的企业)在信任关系方面存在理解差异。

(1)以交涉为目的的欺骗

首先让我们来看一下以交涉为目的的欺骗(图6-2)。对比卖方企业的意识和行动和买方企业的意识的行动中画对勾的情况。卖方企业

Graebner（2009），p. 456（部分编辑）

图6-2 "以交涉为目的的欺骗"的发生——画"√"的企业曾出现"欺骗"

有三个"√"，而买方企业竟有7个"√"。由此可知，买方更容易出现欺骗行为。买方企业中，有7家企业在交涉时虚张声势，故意讲些容易招致对方误解的话。

另一方面，人们常说，交涉中欺骗是常有之事。卖方企业未必不会撒谎。8家调查对象中，有3家卖方企业为了交涉而欺骗对方。另外，卖方企业似乎只有在感觉"自己不被对方信任"时才会欺骗对方。

接下来我们对比一下卖方企业和买方企业的意识行动，寻找二者的相似之处。无论是卖方企业还是买方企业，都有一个单元格没有画对勾。那就是，"信任对方"并且"感觉自己得到了对方信任"的时候。这个时候，卖方企业和买方企业都不存在欺骗。也就是说，当企业管理者认为双方相互信任时，一般不会选择欺骗对方。派拉姆公司CEO讲过这样一段话：

我把双方的立场都考虑在内，努力寻求两者间的平衡。然后，我们找到了一个对彼此而言都比较公平的点。明天起我们就要成为合作伙伴，因此必须实现一场对卖方和买方都很公平的交易。我没打算以最高价位完成交易，从一开始我就打算以一个公正的价位出售。①

可以说，买方企业同样是这种想法。图6-2中的阿玛公司因为相信双方相互信任，所以没有在交涉中欺骗对方。

（2）重大欺骗

那么，关于"重大欺骗"，又是怎样的情形呢？如图所示（图6-3），卖方企业中没有管理者实行"重大欺骗"。因为他们心里很清楚，以后对方会是自己的合作伙伴，还要一起工作很久。

卖方企业的意识和行动

觉得自己得到了对方的信任		
是		（3）流行 （7）格里 （8）派拉姆 （1）莫奈 （2）火箭
否	（6）第一线	（5）概念 （4）艾尔
	否	是
	信任对方	

买方企业的意识和行动

觉得自己得到了对方的信任		
是	（7）西亚欧 ✓ （4）哈巴 （1）毕加索 ✓ （8）切克梅特✓	（3）阿玛
否	（2）北方 （6）克雷兹	（5）卡尔玛
	否	是
	信任对方	

Graebner（2009），p. 456（部分编辑）

图6-3 "重大欺骗"的发生——画"✓"的企业曾进行"欺骗"

---

① 同前引，Graebner（2009），p. 454。

与此相对，8家买方企业中有3家企业管理者实行"重大欺骗"。

值得注意的是，"以交涉为目的的欺骗"出现在多个单元格里，而发生"重大欺骗"的情况集中在同一个单元格里。只有在"自己不信任对方，但是觉得自己得到了对方信任"的时候，才会发生"重大欺骗"。也就是说，当买方企业感到"对方不值得信任，不可掉以轻心，但是可以随便出手"时，很容易实施"重大欺骗"。

一直以来，关于企业间信任问题的研究主张用信义回报信义，然而实际情况似乎并非如此。即使真切感受到对方的信任，也不见得会产生道德上的义务感。倘若认为对方不值得信任、不可掉以轻心，那就更加不容易被道义束缚了。

反之，如果感到双方互相信任，就连买方企业也更容易变得讲道义，也就不会发生"重大欺骗"。当我信任你，并且我觉得你也信任我的时候，合作、协力、公正也随之产生，欺骗行为消失。

人们常说，随着时间的流逝，信任关系会变得对称起来。如果对方信任自己，自己想必也会用信任来回报对方。相反，如果感觉对方并不信任自己，那么自己也不会去相信对方。

然而仔细想想，我们不可能正确推量出对方是如何看待我们的。而且即使能够正确推量，也不见得对方信任我我就一定也要信任对方。特别是当人们觉得"对方不值得信任"时，就有可能利用对方的信任，继而谋求提高自己的利益。

居于最高层次的学术研究范式

格拉布纳的论文让我们了解到，哪种情形容易引发欺骗，哪种情形不容易引发欺骗。

尽管感觉自己受到对方信任，但是自己却不信任对方，这种情况下容易产生欺骗对方的心理。因为对方不值得信任，所以自己不禁想要骗一骗对方。

反之，如果自己信任对方，并且感觉对方也很信任自己，这种情况下很少产生欺骗对方的心理。这个时候，人们往往会选择用信义回报信义，采取公平的行动。

不过，若要推论出哪种模式容易引发欺骗，哪种模式容易促进公平，就算不追踪过程，通过统计同样可以得知。也就是说，做个问卷调查，列出几个问题，例如"你是否信任对方"、"你认为对方是否信任你"等，让他们在"你是否为了交涉而欺骗过对方"、"你是否实行过重大欺骗"等问题上画对勾，同样能做出个模型图，并且也能画表统计数据。

既然如此，为什么还要花费工夫追踪过程呢？

因为光看模式无法分析出精准的东西，所以才需要追踪过程。举例而言，假如大家并不了解上述详细过程，摆在大家面前的只有图6-2和图6-3。单看图表显示的数据结果，大家能推论出因果关系、找到造成这一数据结果的原因吗？

正因为追踪了案例的发展过程，所以我们才了解了原因和结果。如果只是推论各种模式，就算调查的数据再多，也只能了解各因素之间存在关联。最终呈现出来的只会是统计结果，告诉我们哪种条件下欺骗发生的概率会升高，哪种条件下欺骗发生的概率会降低。我们最多只能了解结果，却无法搞清因果关系。

倘若不去追踪案例、解开因果关系，就无法加深对事物的理解。该论文把出售/收购的过程分为五个阶段，通过解开非对称性信任的发生及维持机制，最终加深了对于企业间信任问题的理解。尽管只是追踪了少量案例，但是该方法相当有效地解答了问题。

不过，要想追踪未解现象发生的过程，并不是容易的事情。对于有趣的现象，若要在实际调查中把偏差控制在最小限度，是相当困难的。一般情况下，追踪调查至少在三个方面容易产生偏差。

（1）单方面视角产生的偏差。
（2）回顾过去产生的偏差。
（3）回答诱导性提问产生的偏差。

格拉布纳在追踪出售/收购的过程中，一直在努力避免出现上述三种偏差。下面，笔者将逐一介绍各类偏差以及避免出现偏差的方法。

（1）单方面视角产生的偏差

第一种偏差是单方面视角产生的偏差。一般而言，自己眼中的现实（reality）存在各种视角。

就格拉布纳的调查而言，一方面，卖方看到的现实是，"自己那么信赖对方，却被对方背叛"。而另一方面，买方看到的现实却是，"花了那么多钱买下企业，没想到人才都跑了"。

然而，以往关于企业出售/收购的研究当中，研究者们大多只关注买方的视角，却几乎没有注意过卖方的视角。只靠单方面视角能否解答卖方和买方相互作用引起的现象呢？

格拉布纳对卖方给予了和买方同等的关注，调查了双方的观点和行为。以往未曾被人留意的卖方头一次受到了关注，并且她以两家企业为一组的形式展开了调查。针对8组出售/收购案例，格拉布纳尝试追踪双方各个阶段的视角。然后发现，收购过程中卖方和买方的见解及关心事项各有不同。

（2）回顾过去产生的偏差

追踪过程当中容易出现的第二种偏差是，回顾过去产生的偏差。要求调查对象回顾过去，其实有各种缺点。

首先，人类的记忆具有不确定性。即使所要调查的信息事关能否解开现象之谜，对方也有可能想不起来。

而且，就算对方回答了问题，也不见得那就是事实。因为当事人在事后也会试图理解事件发生的背景、原因及结果，他们可能会根据自己的见解加以解释。很有可能他们会过分强调某个方面。

另外，有些人尽管实际上并不怎么清楚具体情况，事后却有可能思路清晰地提供自己的解释。

这种偏差难以避免。因为调查者问出来的东西不仅包括事实，还包括调查对象的部分认知世界。

为了避免这种偏差，格拉布纳选择以实时追踪调查为主轴。通过实时追踪各个过程，试图明确原因与结果之间的关联。

当然，如果打算所有案例都实时追踪，那就太过耗费工夫。格拉布纳所调查的8组案例中，有6组案例是实时追踪调查。剩下两组则选取了已经完成出售/收购手续的案例。不过，出售/收购手续虽说已经完全结束，但是调查时间距离结束的时间点仅仅过了不到6个月。因此，被采访人能就过去发生的事情提供较为准确的信息。

（3）回答诱导性提问产生的偏差

第三种偏差是回答诱导性提问产生的偏差。当调查者需要被调查者回忆过去来回答问题时，一味以自己的关注点及假说为中心，要求对方回答"是"或"否"（封闭式提问），这样做未必最有效。因为被调查者在协助调查时可能会被具体提问吸引住视线，反而没能提及其他重要事项。而且，如果勉强被调查者一定要给出答案，对方可能会含糊其辞。

因此，为了发现其他一些我们想不到的要因，必须巧妙提问，让被调查者能够自发地阐述。为了达成这一效果，格拉布纳选取了如下方法。

首先，请被调查者谈一下事件背景，然后按时间序列讲述收购流程及决策过程。不向对方提出凸显自己关注点的问题，不提只要求回答"是"或"否"的问题。关于出售／收购过程中的决策及事件，以何时（when）、何地（where）、谁（who）、什么（what）、为什么（why）、怎样（how）等形式进行提问。要求对方回答开放式问题，这样才有可能获得正确的信息。

据说格拉布纳在采访中完全没有问过关于信任和欺骗的问题。但"信任"这个关键词在讨论合作伙伴长处短处以及阐述交涉过程时，自然地出现在话题中。

关于案例研究的一点建议

格拉布纳通过实施调查，推导出了与一般论调颇为不同的结论，即"信任的非对称性"。追踪调查是一种极为消耗时间精力的调查手法。正因如此，我们有必要分清，哪些方面必须深入挖掘，哪些方面可以忽略。吸收了这一调查手法的精华后，研究精度就能得到相应提高。接下来笔者打算介绍两个要点。

不依靠有限的调查对象

之前的章节在介绍各种研究时，强调过采访各类人士的重要性。因为如果单从某个侧面去理解，就无法做到立体地理解事物。这种情况在案例研究上表现得最为极端。

"从双方的立场来看待事物"相当重要，也是案例研究的基本要求。然而，恐怕能做到这一点的研究很稀少。其中一个原因在于，在你需要找人协助调查、恳请对方允许自己收集资料时，你能找到的调查对象相当有限。要想和各个立场的人都有交集，并不是件容易的事情。

而且，有时协助调查的一方会认为他们自己的见解就已经足够了，似乎并不乐意向调查者介绍不同立场人士的意见。

另一个原因是，单方面视角所描绘的世界非常合乎逻辑，导致调查者难以产生怀疑。特别是在回顾过去时，许多当事人早已在脑海里整理过整个事件，让事件变得合乎逻辑，所以一旦听了他们有条有理的回忆，很有可能会误以为自己已经了解了事件，无需听取其他立场人士的描述。

可是，假如只从有限的调查对象的角度看待事件，终究还是会产生偏差。倘若此处介绍的论文研究仅仅追踪了卖方或买方单方的情况，恐怕会推导出完全不同的结论。正因为采访了各个立场的核心人物，该研究才得以接近真相。

现实与怀旧的双剑合璧（进行时态与完成时态的双剑合璧）

另一方面，采用合适的追踪方法，可以节省时间、提高效率。可能许多人都认为，追踪调查应该实时追踪所有案例。其实不是这样的。回顾过去、追踪过去事件的发生过程，可以起到补充完善的作用。

实时调查时，若能切实融入调查对象当中，就能用自己的眼睛探索各种要因。假如遇到合适的调查对象，会更加容易找出关键要因，发现不可思议事件的发生机制。

另一方面，成本与风险必然会增高。实时调查无法了解事先是如何变化，事后又会是何种结果。一个人所能实时追踪的过程非常有限，所以很难广泛搜寻、找出合适的调查对象。

因此，建议大家采取的方法是，灵活运用已经知道结果的案例。实时调查以外，兼用追溯调查，即回顾过去、追踪过程的方法。

如果采取回想性质的追踪调查，就能恰当地决定好应该在何处进行怎样调查。在已知结果的基础上选取调查对象，只选重要的问题点去采访对方，这样做比较有效率。而且只需较低的风险与成本就能完成。

当然，如果是回顾过去类的采访，有可能会忽略掉隐藏的要因。因为调查者与当事人眼中的"意想不到的要因"很难从记忆中翻找出来。而且，当事人可能会有自己的理解，把事件作为一个单方面视角中的合情合理的现实（reality）来描述。

　　同样，假如格拉布纳选取的8组案例都是回想性质的追踪调查，恐怕就无法收集到这么多生动的数据了。

　　正因如此，格拉布纳才决定部分调查采取实时追踪的方式，其他调查则追溯已经发生的事情。两种方法各有优点和缺点，组合在一起却能很好地实现互实并发挥更大的能量。

　　这种"双剑合璧"式的调查方法，并非格拉布纳首创，在此之前，一位名叫多萝西·伦纳德-巴顿（D. Leonard-Barton）的研究者率先提出了这一方法。①

　　不管是在学术研究还是在实务调查中，都可以灵活应用"双剑合璧"之技，这是一种提高调查性价比的智慧。

---

①　Leonard-Barton, D., 1990. A dual methodology for case studies: Synergistic use of a longitudinal single site with replicated multiple sites. *Orangnization Science*, 1（3）: 1–19.

第7章

能够应用于商业实务的案例研究方法

"值得借鉴的地方"与"可以舍弃的部分"

本书写作的主旨是想让读者能够从介绍的这些获奖论文中学习到一些对商务应用起助益作用的案例研究方法。那么本章将要介绍的是我们该如何将这些方法应用到实践中去，这才是最重要的问题。

　　所谓应用到实践中，具体是指通常在学术研究中采用的研究方法如何具有实用价值。学术研究和商业实践本是两个不同的世界，就案例研究而言二者既有相同之处也有不同之处。进一步说，商业实践中的调查研究有值得推崇的地方，而在学术研究中也有需要舍弃的地方。

　　如果忽略商业实践中值得推崇的地方，或者一味坚持本该舍弃的地方，结果只可能是事倍功半，并可能招致业绩上的损失。

　　因此，明确好两者的取舍关系十分重要。最好将学术世界中的调查与实务世界中的调查审慎地比较，从中发现两者的异同，在此基础上作出取舍。

值得借鉴的地方：学术调查和实务调查的共通之处

　　学术研究中所谓值得借鉴的地方主要是指案例研究的核心关切。就本书所介绍的获奖论文而言，就是与各章主题密切相关的那一部分内容。回顾一下各章的核心内容，其各自的主要核心关切如下：

（1）即使是唯一的案例，如果倾注足够的精力也能发现意想不到的结果。（第2章）

（2）在调查设计上下功夫来检验假说的正确性。（第3章）

（3）必须要去现场实际观察才能发现一些难以留意到的细节。（第4章）

（4）把比较分析的手法发挥到极致，并在此基础上追加分析来提高假说的准确性。（第5章）

（5）对调查对象进行追踪观察，以明确其因果机制。（第6章）

在这些案例的核心关切中，有些可能是无意识中就可以弄清楚具体逻辑的，有些甚至可以亲自尝试类似的实验。关于这些值得推崇的部分，无论是学术还是实务，并无本质上的区别。在这里笔者将对各个章节案例的核心关切简要作如下回顾。

（1）即使是唯一的案例，如果倾注足够的精力也能发现意想不到的结果

不知道各位读者是否听说过"离群值"（outlier）一词。在统计学上它通常是指偏离常规数值的"例外值"。从数据分布来看，在仅有不到1%发生概率的情况下，如果出现这类数值，则极有可能被视为"离群值"（当然是否被认定为"离群值"有特定的计算公式，在此从略）。

统计学意义上出现的"离群值"会让整体的数据结果产生较大误差。因此，原则上在统计分析时不将"离群值"计算在内。因为这会对实验数据和观测结果产生干扰作用。

但是在案例研究中不能忽视"离群值"的存在。在案例研究中，恰恰是作为"黑天鹅"存在的"离群值"更具研究价值。当然,有些"离群值"是人为操作错误所导致的，这种场合不在本书讨论的范围之内。如果出现非人为导致的"离群值"，那么我们对"离群值"进行研究

表7-1 案例的类型

类型	定义	实例
先端案例	将来有可能发展成为代表案例的案例	大型在线商品销售的兴起，比如乐天
代表案例	该领域内最具代表性的案例	作为综合购物商场的永旺和伊藤洋华堂
偏离案例	与该领域内基本类型不同的案例	垂直经营的服装专门店饰梦乐（Shimamura）
原型案例	对该领域类型的创造起到直接推动作用的案例	三越百货

田村（2006），p.80

就有可能获得一些新的重要启示，甚至得出打破常规的结论。

例如，无论是欧美还是日本，都会出现一些很有预见性的创新，这些案例正是第2章中所介绍的"先端案例"，如果能够对这些案例进行密切观察，对于自己今后的计划也有重要的借鉴意义。因为这种先端案例最早也是从无到有，从非同寻常到比比皆是。而最早发觉并展开研究的人无疑会从中受益匪浅。

还有一种是出现区别于大多数的偏离案例的场合。偏离案例不同于先端案例，它不像先端案例那样会有很多的追随者，而是永远属于异类（"黑天鹅"）的那种案例。但是如果能够认真寻找偏离案例为何"偏离"的原因，说不定可以从中发现一些重要的因果机制和线索，最终也可能会使自己的业绩提高。

比如想要开发新的经营模式，那么对单一案例的分析是有帮助的。神户大学名誉教授田村正纪就以零售业为例作了详细说明。[1]

无论是产品开发、顾客服务还是企业管理都需要对各种案例进行对比考察。通过对先端案例的考察或许可能发现一些修正当前经营理念的观点。而对偏离案例的观察则可能获得打破共有常识的启示。对代表案例和原型案例的考察则会加深我们对该部门领域的理解。

---

[1] 田村正纪：《研究设计：经济常识创造的基本技术》，白桃书房，2006年。

（2）在调查设计上下功夫来检验假说的正确性

如前所述，统计学侧重的是对大数据样本的抽取和检验，而案例研究则可以视为自然实验的一种，在总结因果关系的便利上，案例研究似乎比统计方法更具说服力。

自然实验重视的是对状况的控制，在此基础上对满足一定条件的案例进行检验，确定这些案例是否与预想的结果相符。因此，即使是被认为"不可能"的事情，也可以通过案例研究检验发现是哪些原因导致了"不可能"的发生。这种因果逻辑上的优越性是统计方法无法比拟的。

读者们可以回想一下第1章中所介绍的关于世界末日预言的例子。这类现象就像"黑天鹅"一样，被层层谜团环绕。在该案例中，由于信徒对预言笃信不移，再加上周围其他信徒都表现出这种类似的信任，从而导致了即使预言失灵反而信徒更加虔诚的现象。如果想要对这类假说进行重复试验，那么只需要找到满足上述两个条件的案例，然后加以验证即可。

反过来说，如果找到的是并不完全满足上述两个条件的案例，那么从逻辑上来说是可以对相反的结果进行预测并观察的。即预言不正确导致信徒信念的弱化，以及由此引发的退出宗教的行为，从逻辑上来说这也是相通的。因此，只需要重复试验就可以验证假说的正确性。

在相同状况下通过对"满足该条件的案例"和"不满足该条件的案例"进行比较十分重要。对这类构想进行验证的内容在本书第3章所介绍的案例研究中进行了描述。

在商务实践中如果能够有相同或类似的构思，对于企业运营想必也是有助益的。美国西北大学埃里克·安德森和麻省理工学院邓肯·史密斯特指出：

对于大多数企业而言与其花费大量的时间和金钱进行数据分析，倒不如通过商业活动寻找样本然后进行简单试验这种方法更有利于改善企业的业绩。①

（3）必须去现场实际观察才能发现一些难以留意到的细节

俗话说"百闻不如一见"，企业走出去的过程中十分需要对当地的市场环境进行充分的调查。日本服饰大亨优衣库在向海外进军之前，就商品开发等问题会在当地的街头进行调查。NHK特辑（2013年播出）曾对此作了介绍。②

优衣库商品开发惯用的手法之一就是将课题诉诸街头问卷，在调查的基础上对一些常规休闲服加以修饰。比如，面向孟加拉国市场的服饰可能会在设计上增加一些伊斯兰风格的元素。因为孟加拉国走在大街上的女性大多身着民族服饰，所以相较于单纯意义上的休闲服，可能民族服装的销量会更高。这些都是通过街头问卷获得的重要信息，例如：

服装设计人员：这款服饰的设计以及尺寸如何？
女性A：尺寸正好合适。
服装设计人员：服装颜色如何？
女性A：适合夏天穿。
女性B：这款设计太完美了。

从这种街头调查中获取的信息让主管人员相信将休闲服设计风格

---

① Anderson, E. T., & Simester, D., 2011. A Step-by-Step Guide to Smart Business Experiments. *Harvard Business Review*, 89（3）: 98-105.

② NHK特辑《成长还是死亡：优衣库将赌注投向40亿人的大市场》。

转向民族风十分重要，并且作为主打商品进行出售。但是，开始销售之后，销售额并不理想。很多女性都会看看这些服饰，但购买的并不多。

实际上在孟加拉国，男性穿休闲服是很常见的现象，但是女性外出一般都穿被称为"纱丽"的民族服装。销售面向女性的休闲服，这是要孟加拉国的女性开始一种新的生活习惯，实行起来似乎有点困难。所以，这种生活习惯上的不同着实让优衣库烦扰了一把。

可以看出，在实体店里实际购买衣服和在街头进行调查，结果可能存在偏差。一些孟加拉国的女性针对NHK的采访说道：

女性C：喜欢欧美风格的女性可能会穿出去，我是不会穿出去的。

女性D：在外国的话可能觉得挺正常的，但是在这个国家恐怕不行。

在此之前，无论是在发达国家还是在发展中国家，这类街头调查往往都能奏效，但是这次却失败了。因为在目前阶段的孟加拉国，不是要把民族元素的东西放在休闲服饰上，而是要把休闲元素的东西放在民族服饰上。实际上，当地一些服装公司正是基于该意识开发产品并获得成功的。

在本书第4章提到的冈田学先生也有过类似的感触。他指出，向普通消费者询问一些试用品效果如何时，很多人都留下"挺好的"、"肯定会买"之类的回答，实际上这并不意味着他们会买这一款产品。购买是一回事，而回答问题则是另一回事，消费者所生活的环境、习惯、收入等各方面因素则又是另一个不得不考虑的问题。

为此，优衣库的服饰开发人员尝试接近这些女性的私人空间进行深入的调查咨询。他们对各年龄层的女性进行了比较详细的调查，还拜访了她们的衣柜，对这些女性拥有的衣服类型进行了逐一确认。

一位17岁的女性这样说道："正装的话恐怕就是纱丽了，我虽然才17岁，但是最喜欢纱丽。"

将调查对象扩大到20~30岁的女性群体中间，发现他们的服饰还是以民族服饰为主。由于这是在这些女性家中进行的调查，所以服装设计人员得以向这些女性了解一些她们对服饰的真心话。

服装设计人员：您不想穿休闲一点的衣服外出吗？
女性E：小的时候穿休闲服出去十分正常。但是现在随着年龄的增长，责任感也在增长，也是时候穿民族服装了。

这样，优衣库的服装设计人员终于了解了孟加拉国女性的真实想法。在调查中发现，十个人的衣柜里只有一位有休闲服。

优衣库方面随即改变营销策略，将这些服饰全部作为家居服饰进行销售，并且与其他款式一块搭售。就将来的服装设计风格而言，优衣库方面也指出将遵循孟加拉国女性的生活习惯而设计出类似的民族服装进行销售。这可以说是从"反常"的销售量上获取到的重要启示，当然同时也是在销售现场这一情境中获取的重要信息。

（4）把比较分析的手法发挥到极致，并在此基础上追加分析来提高假说的准确性

我本人十分尊敬的一位风险投资家（支持创业的投资家）曾说过，判断一个企业家成功与否有一个最基本的标准。我问他具体为何？他说道："一旦发生意外情况是否找借口。"

这位风险投资家并不仅仅提供资金支持，而且还提供各种建议。在回顾以往的一些投资成功的企业家时，他发现了一个共同之处，即出现问题时，这些成功的企业家从来不把责任推卸给他人，而是自己承担责任并且寻找好的对策。

就案例研究的视角而言，这位风险投资家的言行可以导入第5章中所介绍的"契合法"进行分析，具体分析顺序如下：

（1）罗列自己支持过的那些成功的企业家。
（2）寻找这些成功企业家所具备的特质。
（3）视这些特质（不找借口）为成功的必要条件。

要想在短期间内判断一个企业家的素养，这一基准可能最为奏效，该投资家如是说道。

当然，他本人也知道这一基准并不是绝对保证，也就是说不能够因为成功的人不为自己的失败找借口就因此断定只要是不找借口的人都会成功。虽然满足了必要条件，但是这一特质不是导致成功的充分条件。因此，那些具备"不找借口"这一特质的人并不一定会成功。该投资家也充分认识到这一基准的不完整性。

如果想要确认具备这一特质的企业家是否必然会成功，那么直接从反面论证即可。

（1）罗列具备"不找借口"这一特质的企业家。
（2）调查具备这一特质的企业家是否在事业上取得成功。
（3）如果无一例外均成功的话，那么可以说"不找借口"这一特质是成功的充分条件。

恐怕无论调查多少案例，也不能证明所有"不找借口"的企业家都是成功人士。该投资家本人也对此有充分的认知，即该特质不过是一个必要条件，只可以作为其中一个判断基准。

因此在研究中，重要的是理解比较分析的限度，并在此基础上根据实际需要予以必要的修补，比如在追加分析的过程中要知道增加哪些参考变量等等。

（5）对调查对象进行追踪观察以明确其因果机制

经常听闻统计学手法可以检验原因和结果的相关性。这是因为统计调查提出了因果关系的假设，并通过统计学手法检验了数据的重要性（significance）。这时确实有很多人会认为统计学分析才是解开因果关系的最恰当手法。

但是学者们都知道并非如此。一般来说，统计调查可以揭示一个变量与另一个变量间的相互关系，但是如何会产生这种相互关系却没有给出明确的解答。

因此，要想探寻这种因果机制，必须对因与果衔接的过程进行追踪。越是认为不太可能的因果关系，却通过过程追踪而发现，给学术界以及社会带来的冲击就会越大。

例如，第1章中所介绍的棉花糖实验，12年后对当年参加实验的小朋友进行追踪调查后发现，那些能控制自己不吃棉花糖的小朋友，学力水平测试的得分明显较高，这就是一桩十分意外的事实。①

促成这项追踪调查的契机是当年参与实验的米歇尔（该文作者之一）的女儿。米歇尔的女儿和那些参加实验的小朋友在同一个保育园上学。由于跟许多参加实验的小朋友在同一个班级，所以米歇尔也得以密切关注这些小朋友的校园生活以及成长过程。米歇尔博士一有机会就会了解这些小朋友的情况，并且通过自己的女儿进行过程追踪。这些小朋友长到十来岁之后，米歇尔开始思考小朋友的自控能力对将

---

① Mischel, W., Ebbesen, E. B., & Antonette R. Z., 1972. Cognitive and Attentional Mechanisms in Delay of Gratification. *Journal of Personality and Social Psychology* 21（2）: 204–218.

来成功会带来怎样的影响。

　　米歇尔对这些小朋友的父母以及班主任就小朋友的日常生活进行了比较详细的问卷调查。由于参加实验的小朋友达600人之多，所以调查也是一项巨大工程。调查结果显示，那些在一分钟之内就把棉花糖全部吃完的小朋友在日后的校园生活中多是问题儿童，特别是因为一点小事就容易发脾气的毛病比较明显。米歇尔据此认为"具备克制欲望和情绪"的能力显得十分重要。另外，最初实验过去40年后，又有学者对当时参加棉花糖实验的其中60人做了追加实验，这次是使用监测装置对他们的脑部功能进行检验。① 在这次实验中，那些童年时期忍不住吃掉了棉花糖的人在受到感情/情绪刺激的时候很难抑制冲动，这跟童年时观察到的结果几乎一致，可见这种负面作用是终生持续的。

　　米歇尔的研究并没有进行长期的过程追踪，因此就因果关系而言还可以提出一些反论。但即使如此，米歇尔博士的研究是以对案例的追踪为契机，外加研究调查以及实验调查等程序，最终巩固了自己假说的正确性。

可以舍弃掉的部分：学术调查和实务调查的区别

　　接下来要讨论的是那些可以舍弃掉的部分，通过对这一部分进行探讨，笔者将兼论学术与实务之间的区别。就案例研究而言，学术和实务在其使命和研究前提上都有所不同。正因如此，一些应用型商务人才如果完全忠于学术研究的范式进行案例研究的话，总会有些违和

---

① Casey, B. J., et al. 2011. Behavioral and neural correlates of delay of gratification 40 years later. *PNAS Early Education*: 1–6.（http://www.pnas.org/content/early/2011/08/19/1108561108.full.pdf）

图 7-1　在实务世界中的应用

感。如果真的以学术研究的高标准来展开实务调查，恐怕会让自己筋疲力尽。

重要的是将那些过剩的（多余的）学术部分去掉，把学术中那些能够充分应用到实务领域的部分留下，并在此基础上探究具有实践意义的案例研究方法。在实务研究领域既有一些是需要简略化（或者说不得不简略）的要点，同时实务研究本身还有一些特色值得特别留意（参见图 7-1）。

在知道有哪些内容需要舍弃之前，我们最好先知道学术研究和实务应用的区别在哪里。

（1）是真理的探究还是仅仅作为判断材料

就案例研究而言，学术研究人员和实务家的目的是不同的。在学术的世界中，研究本身就是为了验证假说。与此相对，在实务的世界中，即使通过调查发现了所谓的"黑天鹅"，其最终目的是要在实践中检验假说。说得极端一些就是"不尝试的话是不可能弄明白的"。经营管理理论的权威理查德·鲁梅尔特曾经指出：

表 7-2　学术和实务在案例研究上的不同

	学术的世界	实务的世界
使命和基本前提	追求更正确的真实。在学术世界中的新发现。	提供及时的判断材料。对本公司而言的新发现以及好的解决方案
调查的周期及数据的获取	即使花费较多的时间也要获取更精确的结论。以中立的立场获取数据。	基本接近假说的结论即可,速度最重要。以特定的立场获取数据。
调查体制	学术共同体的积累是前提。采用学术界的共同语言。	公司内部的积累虽然重要,但也重视个人的发现。一些有战略性的课题可以由个人承担。
知识的普适性和应用性	普适化趋向较为明显。具有广泛适用性和解释力很重要。即使解释得较为抽象也不要紧。	有限度的一般化。极端的来说即使只适用于本公司也不要紧。最好有更具体和明确的解释说明。

所谓新的战略,用科学的语言来表述就是"假说"。而对"假说"的验证就是所谓的"实验"。当实验结果明确以后,有能力的经营者会从中学到哪些可以顺利推进,哪些则会遇到障碍,最终修正既定的战略部署。[①]

虽然都是案例研究,但是学术和实务之间在基本的设计构想上存在较大差别(参见表7-2)。学术研究的使命是探究真理,发表论文是其中的一个重要目标,但是就实务领域而言,最重要的目标是通过实践来提高企业效率或者说收益。

(2)是追求正确性还是追求速度

在学术的世界中,要追求真正的真实以及学术界的创新。而在实务的世界中,人们更重视发现本公司的问题以及寻找解决问题的方法。

[①] 理查德·鲁梅尔特著,蒋宗强译:《好战略,坏战略》,北京:中信出版社,2012年。(Rumelt, R. 2011. *Good Strategy, Bad Strategy: The Difference and Why It Matters*, Crown Business.)——译者注

这种不同会导致两者之间产生指针和方法上的迥异。

就学术研究而言，重要的不是速度而是正确性，研究人员不能凭借不可靠的证据大肆宣扬自己发现了"黑天鹅"，这不是学术论文写作应有的态度。为此必须花更多的时间用来寻找证据、巩固理论。

与之相对的是，在实务领域不能一味地追求正确性而忽略了时间。如果不能应用到实践，一切都是徒劳，而且花费大量时间之后即使找到了所谓的"黑天鹅"，也会因为错过了应用时机而变得毫无意义。

在实践中会经常伴随各种风险。有时为了不浪费重要的时机，需要冒点风险，要是因耗费过多时间而最终错过时机，其中的努力也就白费了。

以下是NASA最初开发月球探测器时的案例。研究人员是在不知道月球表面情况的条件下开发探测器的。如果月球表面堆积的灰尘过多，则探测器势必会被埋没，或者会被卡在岩石缝中无法行动，又或者会被尖锐的结晶体损伤最终不能工作。

通常在这种情况下技术人员是无法持续进行开发活动的。即使想要开发探测器，但是他们不知道实际运用中会遇到何种风险，也就不知道具体的对策如何。

这时NASA的研究所负责人菲利斯·布瓦尔达提出了"舍弃"的构想，她指出探测器在月球上的着陆点应该像是"美国西南部的沙漠那样的位置"。也就是说"相对比较硬的地表，其倾斜度在15度以下，虽然有一些小的乱石但是并没有60厘米以上的岩石"。但是，没有任何人能够确证她的这一主张，具体她解释道："地球上大多数较平坦的地方都是这种感觉，月球上只要是稍微离山脉较远的地方这种类似的可能性极大。"[①]

当时，作为NASA工程师的鲁梅尔特回顾称，这种想法确实很有

---

① Rumelt, Ibid.

智慧。如果想尽各种可能性，并且一一进行调查分析的话，设计估计会停滞不前。

无论何种组织，彻底地追求正确性，最终只会作茧自缚。毕竟有些时候适当的舍弃还是有必要的。理想的模式是，在有效率的同时还能降低风险，在此基础上重视实践的积累以及不断提高假说的精确度。

（3）共同体的积累还是个人的发现

学术和实务的第三个区别在于表达方式和做法上的不同。读者朋友们在阅读学术著作的时候或许会疑惑，为什么会有那么多生僻的表达方式呢？

为何学者不选择更简单易懂的表达方式而是用一些晦涩的词汇呢？这是在故作"高深"吗？又或者是学者们本身欠缺说明和概括的能力？

当然也不是说没有这方面的原因，但是比起这个还有更重要的理由。学术研究的使命是发现和探究真理。所谓真理的探究不是一个人就能够独立完成的，寻找"黑天鹅"的过程中凝聚着众多学者共同合作的心血，个人不过是微乎其微的存在。只有那些超越世代的学者所组成的学术共同体的不懈努力，才有可能发现真理。

这些跨越时间和空间的学者都肩负着相同的使命，迫使他们必须使用相对统一的表达方式（语言）来进行学术研究。如果一个国家的学者将一个概念定义为A，而在另一个国家和地区，同类概念被定义为B，随着时代变迁，这个概念转而又被定义为C，势必会造成研究上的障碍。对于学术研究而言，一套能够超越时间和空间的通用概念是最有助益的。将白天鹅定义为"白天鹅"，必须在理解其特征的基础上进行定义，这种专业术语在定义上是相通的，所以这些概念具有超越时间和空间的能力，以至于来自不同时代不同地区的研究者都能在相同定义的前提下分享信息，促进研究成果的积累和进步。

新发现建立在积累的基础之上。实际上当意识到新的发现并且想要将其表现出来时，必须使用已经确定的概念和通用语进行说明，否则就不能断定该发现是新还是旧。或者反过来说，如果说所有的东西都是新发现的话，最终将难以判断什么是新的东西了。所谓新的东西是指与既往东西的"不同之处"。要想测定和说明这种"不同之处"，就必须使用学界通用的表述进行解释。

另外，要想让学术共同体内的同仁认可你的发现，必须通过正当的程序进行调查，否则也有可能不被认可。就学术界的做法而言，其中一点是采用正确的推论方法，其二是要让同仁们认可其适当性。也就是说，基于相同的数据进行分析，那么即使是不同的人必然会得到相同的结果。

学术共同体同时也是一个竞争性的集团。自己一个人认可的业绩是没有说服力的，它必须要获得学术界的广泛认可。基于这一目的也应该使用既有的语言词汇，并采用惯常的方法让学界同仁信服并认可你的研究成果。

但是，实务家并没有上述这些顾虑，大可不必遵循上述做法。另外，在调查中追求新的发现也不是实务家的目的所在。他们的目的是在调查的基础上展开实践并从中获取价值利益。

因此，即使新的发现是属于别人的也无所谓，对于实务家而言这都不是最重要的。"对自己而言的发现"以及"用自己的语言来理解"十分重要。案例的调查研究只需要找到对于公司而言的"黑天鹅"即可。当事者不论是因缘巧合还是偶然撞上，只要能够验证新的假说就已经足够，并不需要获得权威的认可，也没有责任向其他人进行解释说明。只要这类发现在实践中能够提供重要价值并且被顾客或交易方接受就是最大的成功。

（4）是普遍妥当的抽象命题还是公司内妥当的具体指针

第四个区别在于对"一般化"的理解。在学术研究中，即使只选择一个命题，只要能广泛适用，就被认为是极有价值的。"所有的天鹅都是白色的"就是这样的一个例子。

在实务的世界里，如果能够有具体的政策方针对具体的事项进行分析，那是最好不过的。即使研究的范围有限，如果对自己（或公司）有益就具备研究的意义。"日本的天鹅都是白色的"说的就是这个道理。

例如，让我们来思考"打招呼问候很重要"这一日常生活中的命题。关于这一点恐怕在任何地区任何社会都适用吧。不光是人，在动物界也会通过"问候"来表明自己没有敌意，从而达到交流的目的。

但是，具体说来什么样的问候语有效果则因地区而异。同时，场合以及问候的亲切程度也会产生影响。不能认为"只要打招呼问候就可以了"，这种想法在实践中没有任何助益。在此基础上思考是握手、鞠躬还是打手势，必须结合具体场合以及对方的传统等综合考虑。

非洲中东部地区有向对方手上吐唾沫以示问候的风俗。因为当地人认为唾沫具有除魔的功效，通过这种问候可以给对方带来好运。但是，如果是在欧美或者日本，倘若采取这种问候方式的话，估计整个事情局面会变得糟糕吧。

因此，一些在特定条件下行得通的命题，在其他条件下可能就不能成立。

相较于在学术研究中一定条件下成立的命题，那些能够在普遍条件下成立的命题明显具有更高的价值。但是，在普遍条件下成立的命题往往因为过于普遍化，以至于很多人都认为是理所当然的。比如"打招呼问候很重要"这一普遍性命题就是这样的例子。

出于这种考虑，在学术的世界中，有必要承认限定条件下命题的存在意义和价值，这被称为"有限定的一般化"或者"有条件的一般化"。

在政治学、行政学等应用研究领域，有学者认为较之抽象的命题，那些有限定的一般化命题更有应用价值。亚历山大·乔治和安东尼·本内特在他们的著作中指出："如果该理论不能够满足一定的条件，那么在寻找具体的政策启示和线索时也无法获得具体的指针。"①

但是问题来了，所谓限定条件需要多少才最有效呢？

在一定条件下成立的命题，如果其条件限定得过于狭窄的话，命题就会越来越具有局限性。比如"我们当今的时代"、"自己的国家和地区"、"自己的公司或组织"、"自己的部门和团队"等。上述范围内成立的命题，在当今社会不胜枚举。但是这些作为科学研究似乎并没有太大的意义。

然而，对于实务家而言，毋宁说上述命题更有价值。因为适用范围越狭窄，政策内容就会越具体，更具有可行性。

对于通过实践创造价值的实务家来说，具体的场合下最有效的行为方式以及与之相关的判断材料是弥足重要的，也就是说，在限定条件下的具体指针对于实务家来说可能更有效用。

去学术化的"公文式教育"

最后，关于本章所述的"保留"和"舍弃"在具体企业组织中的运用如何，笔者将以"公文教育研究会"（KUMON）②为例进行介绍。

比起一般补习班重视在授课中学习知识的教育方式，KUMON更看重学生的自主学习能力。KUMON本着从孩子那里学习的姿态，大

---

① Alexander L. George, A. L. & Bennett A., 2005. *Case Studies and Theory Development in the Social Sciences*. The MIT Press.

② 公文教育研究会（KUMON）是1958年成立于日本大阪的一家教育机构，以补习班教育著称，除日本以外在中国大陆、香港、台湾、韩国、美洲等国家和地区都有分支机构，中文一般称为"公文式教育"。——译者注

量活用具体的案例研究。由于一对一的指导方式本身就是很好的案例，所以对KUMON方面而言既是教育也是研究。

KUMON重视对教育现场的解读，这类案例研究也是公文教育的特色之一。公文教育的教育开发负责人有时间就会去他们感兴趣的辅导老师的教育现场进行观察，并逐个对具体的案例进行分析，由于多数指导老师都有数年的经验积累，所以KUMON也积累了相当数量的案例。

如果是现场直接观察比较困难的情况，他们会利用录影的方式进行观察。毕竟，无法进行直接观察现场的情况不在少数。

在利用录影进行观察的辅导活动中，有一种被称为"小集团讨论活动"。他们把同在一个教室内学习的学生小组视为一个案例进行介绍。

答题纸以及铅笔沙沙的声音通过屏幕反映出来，这样可以看到学生们答题时的姿态。你会发现一直刷刷运转的铅笔有时会突然不动，原来是答错了，然后学生思考，用橡皮擦掉，接着继续写出正确的答案，这是画面能够告诉我们的东西。

该小组的辅导老师目不转睛地盯着画面，注视着学生们的一举一动，并且在适当的时候给出评价。当学生们答题错误的时候，有的辅导老师会说，"哎，这题遇到瓶颈了"，"如果是我的话我会给他们一些提示"等。公文教育方面的协调员会通过这种方式加强辅导老师和学生间的互动，并改善课程辅导的体制。

KUMON倾注全公司的力量重视研究方法的改善。例如，KUMON内部有一个名为"自主研究会"的组织，这是一个旨在挖掘KUMON特色研究方法而由各教室辅导老师自主命题并进行研究的组织。自主研究的成果会在一年一度的"辅导老师研究大会"上公开发表，其中好的方法则会在全国范围内扩展应用。自主研究会其实就相当于学术世界中的"研讨会"（workshop），而辅导老师研究大会则相当于学术世界中全国性质的学会年会。参加研究大会的老师们在认真程度和讨论的激烈程度上丝毫不亚于一些社会科学领域的学术年会。笔者本人也有幸旁听了他们的年会，真的是满场300人的大型研讨会，座无虚席。

小组讨论（panel discussion）的活动也很频繁，在主席台上坐着的是一位有资历的辅导老师。台下有人提问，如果这个问题比较偏颇或者比较特殊，这位资深的辅导老师也不好回答的时候，他会说"关于这样的案例，我没有经历过"，"台下有哪位老师有这样的经历，不妨说说你们的观点和看法"等，很坦率地进行回答。

这时，台下大约有十几名指导老师相继举手，依次介绍他们所经历的案例。

笔者和指导的研究生看到这幅场景，兴奋地对KUMON的职员说："这种方式太了不起了。"而该职员则回答说："这种事情在我们这里比较常见，不足为奇。"虽然不是每次都有，但也不至于稀奇。

还有一个让我感到惊愕的事情，辅导老师研究大会由来自全国各地（包括海外）的指导老师分成5~6人组成的小组进行讨论，他们彼此都是第一次照面，但是很快就进入讨论的状态，相互之间仿佛没有任何隔阂。这种现象在社会科学的相关学会中恐怕不太可能。他们的讨论并不介意议题是否过于表面或者过于抽象，而是将实践中遇到的问题提出来，然后大家一起讨论出一个合理的解决方案。

例如，其中一位刚刚开课不久的年轻教员提出"我带的学生在D106教材中遇到瓶颈了"，然后就有其他指导老师说，"那里的算数问题不做一些简单的笔记的话，不太好算"等，然后其他老师也相继发言指出怎么做能够相对改善这类问题。据KUMON总部的介绍，这种事情在KUMON乃是家常便饭，十分正常。

支持KUMON共同体理论的共通语言

KUMON作为一个企业共同体而言，他们之所以能够在研究上脱离纯学术研究（学会）的范式，是因为他们自己内部有着一套共通的价值观、共通的目的以及共通的语言。

这其中特别值得一提的是，他们有共同语言为基础的教材。KUMON在教材的理解和使用方法上有他们自己的一套理念。

KUMON的教科书为了让孩子们自主学习，可以说着实下了一番功夫。例如在数学这门课上，总共设计了从6A到V共28个阶段的课程（2014年）。每个阶段大约有200多套教材可供使用，基本上实现了全世界共通的标准化操作。正是因为辅导老师对这套教材体系有了充分的理解和认识，所以刚才那位年轻教员提到"D106教材"时，很多其他辅导老师就能够在脑海里浮现教材的内容以及具体的使用实例等相关信息。

在社会科学领域的学术共同体中也有可能出现上述情况。由于专门名词得以统一，所以只要是相同研究领域，即使是初次见面也可以立即展开讨论。但是在这里，KUMON的案例显然还有超过社会科学学会水准的地方。很多社会科学领域的学术共同体，特别是经管领域，由于具体的研究领域细化得十分彻底，所以一个研究者所能涉猎的范围十分有限，所谓的"概念"也因学派（school）的不同而有出入。所以，在这种场合下的讨论，虽然讨论能够进行，但是各自对概念的界定和认识极有可能是分散的。

为了不至于出现上述矛盾现象，统一表述和定义以及采用公认的调查方法显得十分重要，KUMON积50年之经验最终实现了这类表述和方法上的统一。

当笔者对KUMON的职员以及辅导老师进行采访时，他们经常对我说"表达方式太特殊十分抱歉"如此云云的话，在我看来这绝不是坏事情，反而是十分了不起的行为。

　　这里有如下几个原因值得说明。第一，这类内部用语是在自我实践中发展出来的语言。有了这类语言，那么在实践的过程中可以随即确认理念，并且能够真正理解理念的具体用意。

　　第二，内部用语是成员们耳熟能详的语言，使用这种统一的内部用语不会造成意思理解上的障碍和偏差，也能节省在表述上所花费的时间。即使历经时久，这类表述依然具有生命力，并且能够有助于正确地理解实践中的行为。

　　第三，在第一和第二个原因的基础之上，这类内部用语的统一也对将来成员的自我实践具有积极作用。

　　就我的个人印象而言，当今社会的多数公司大多使用时代流行的一些关键词和用语，但是真正的伟大企业往往不忘初衷，能够确保用语的一贯性，并在实践中将这类独特用语展示出来。

　　笔者认为没有必要将外部学术研究中使用的热门词汇引入到公司内部。当然，外部的一些好的观点自然有吸取的必要，但是这时最好是把外部的观点消化，同时在实践的过程中将其变成自己的语言。

　　哲学家迈克尔·波兰尼[①]曾说过"人类所知道的必然超过他言语所能够表达的"这句名言。KUMON的研究活动正是将那些对现状无法表达的隐性知识以集体讨论的形式展现了出来。

　　[①] 迈克尔·波兰尼（Michael Polanyi，1891—1976）：英国物理化学家和科学哲学家，曾经在科学哲学领域提出过隐性知识和显性知识的分类，具体参见本书第4章。——译者注

后 记

本书的写作得益于笔者所供职的早稻田大学的"特别研究期间制度"。承蒙早稻田大学商学院诸位老师的美意，笔者有幸在美国宾夕法尼亚大学担任了两年高级研究员。驻美期间的经历、讨论以及感想促成了笔者写下此书。

"日本的案例研究和美国的案例研究有很大不同啊。"

说来惭愧，在日本居住时由于身边多为日本研究者，笔者当年在选读美国管理学会论文时没怎么注意过这种不同。虽然隐约地觉察到了"不同"，但是可能当时并没有弄懂。然而不可思议的是，在美国阅读论文时，尽管所读的还是同一篇论文，却让笔者发现了不同的侧面。

极端地说，美国管理学会中的代表性研究给人一种更加纯粹地把管理学当做科学来研究的印象。

虽然程度有所不同，但是日本的案例研究存在一种风潮，即把所研究的企业的名称摆出来，以达到吸引读者兴趣的目的。案例被当成故事一般来写作，让人感到非常的有机和生动（美国《哈佛商业评论》以实务家为主要读者群，其案例研究也是这种类型）。

另一方面，AOM的案例研究关注的是现象本身的趣味性。论文中提到的企业名称均为化名。他们并不在乎企业的地位头衔，而是着眼于现象的有趣程度。而且，他们把案例作为构筑理论的一种手段，非常单纯地去探究案例到底能推导出怎样的理论启示。于是，一个个案例被当做样本来对待，有时会给人一种无机质的印象。特别是在复数案例的比较分析中，一个个案例都被当做"实验"对待。

然而，可能正是由于这个缘故，隐藏在脉络当中的因果关系才凸显出来。AOM的案例研究相当系统。特别是进入21世纪以来，已经定型为案例研究的基础范式。

笔者强烈感到，日本的学会不应该只有《哈佛商业评论》这一类的案例研究，必须朝着AOM学术型案例研究的方向前进。

其中一个原因是，要想在世界范围内发声，有必要按照世界标准研究方法来搞研究。这一点无需赘言。

另一个原因在于，AOM类型的案例研究能在商业实务中起到作用。如果假说的设定并非源于单纯的主观认识或深信，而是系统地按照一定顺序推导出来，那么这类假说在实务方针中同样能够发挥作用。

从这个角度纵览商业实务，我们发现，优秀的商业实务家牢牢掌握着案例研究的方法，即使实务家本身并没意识到。

有水平的实务家往往有着自己独特的"工作风格"。尽管并非所有实务家都意识到这一点，但也有不少实务家把自己的工作风格出版成书，公之于众。

工作风格包含方方面面，从心得、范式等精神层面相关的东西，至调查方法、商业实务等较为实用的知识，都包括在内。

卓越实践家的调查方法中，存在着与学术方法相通的地方。冈田学的风格正是第5章所介绍的"契合法"。这种说法或许有些想当然，然而正是由于习得了好方法，才在工作中收获了更多的成果。

不少企业都在组织中推广这种方法类的"固有主张"。例如最后一章所介绍的KUMON公司，就是其中之一。该公司有着共通的基本理念，把标准化的教材作为共通语言。正因如此，公司全体得以凝聚在一起，以"从孩子那里学习"的姿态致力于案例研究。

固有主张的方法论

不知道大家是否听说过"固有主张的方法论"。[①]所谓固有主张，简而言之，是"实践者的言论所拼缀成的实践理论"。譬如在管理界，这就关乎管理者以什么为前提（假定），按照何种理论来思考（命题）。固有主张就是管理者用于统一说明事物及预测未来的系统实践知识。

要想理解管理现象、构筑管理学理论，同样非常需要理解实践者的这种思考。例如，创立大和运输公司[②]宅急便项目的小仓昌南，在其著作《小仓昌南经营学》（日经BP社，1999年）中逻辑清晰并系统地介绍了自己的固有主张。其管理学固有主张在某些地方与学术上的管理学理论相通。并且，该书具有丰富的表现力，并有实际成果为证，因而蕴含着众多启示。

其实，查一下科学管理之父弗雷德里克·温斯洛·泰勒（Frederick Winslow Taylor）和系统组织理论巨匠切斯特·巴纳德（Chester I. Barnard）的人生履历就会发现，他们以前也是实务家。他们从实践中提炼出的理论可以说已经成为了经营管理理论的经典。理论并非专属于科学研究者，实践家也有实践家的理论。

在日本，较早注意到这一点的是神户大学名誉教授加护野忠男。在其著作《组织认识论》（千仓书房，1989年）中有如下的段落。

> 实务家当中，诸如亨利·福特（Henry Ford）、安德鲁·卡内基（Andrew Carnegie）、阿尔弗雷德·斯隆（Jr. Alfred Pritchard Sloan）、恩斯特·卡尔·阿贝（Ernst Karl Abbe）、松下幸之助等伟大企业家、管理者的思想和理论常被管理学研究者提及。然而，

[①] 金井寿宏：《领导力入门》，日经文库，2005年。

[②] 大和运输（YAMATO）：日本最大的速递运输公司，目前在中国上海等长三角地区有分支机构，中文为"雅玛多（中国）运输"。——译者注

管理学研究者最多只关注这些成功人士的成果及相关事物,却很少有人把他们的"主张"提炼为理论。他们的理论及思想仅仅作为管理史、经济史的"一个镜头"被提及。

按照自己的理论来管理企业的人并不仅限于这些伟大的企业家。许多默默无名的企业家和管理者也同样以自己的理论为依据进行管理,并在实际的管理过程中形成了自己的管理学。如今在我们周围,那些现实中运转着组织的人们,都有着各自独特的管理学。他们的管理学真的非常丰富,并且伴随着时代的变化而变化。①

固有主张是指不使用学术用语,采用日常生活中的语言来表达命题的诸体系。通常情况下,由于固有主张是从经验中推导得出、用于实践的理论,虽然适用于自己的世界,但是不见得也同样适用于其他世界。在普遍化方面,固有主张比不上学术理论。然而,由于固有主张是在经营管理的前沿阵地中产生的,所以确实能给新的学术理论提供启示。

任何实践家和组织,都是按照自己的调查方法,打出自己的命题,然后在实践中进行验证的。如果命题出现错误,就在下一次调查时进行修正。而有时,他们会发现一些打破业界常识通论的东西,开发出划时代的产品,创立出划时代的事业。

在商务领域实际工作的个人及组织到底有着怎样的调查方面的固有主张?让读者深入思考这一问题正是本书的目的。如今,在商场中大显身手的实务家们愿意为我们提供一个契机,让我们重新思考之前未曾重视的调查方法。他们希望那些担负着经济未来的年轻人能够习得一种研究方法,懂得如何推导出打破常规的假说。

---

① 加护野忠男:《组织认识论》,千仓书房,1988年,第9页。

案例研究是一种灵活的调查方法，不仅对学术研究有用，而且对实务也能起到贡献作用。笔者认为，能在现场发现意想不到的事实，是非常宝贵的经验。这种经验能让自己产生新的创意，并且可以磨炼出更好的"固有主张"用于调查。希望读者在阅读完本书后，能感受到开展绝佳调查、学习学术内容的意义，并能进一步形成自身的固有主张。

致　谢

本书的写作得到了众多人士的支持与合作。

宾夕法尼亚大学沃顿商学院教授基滕德拉·辛格（Prof. Jitendra Singh）给予了笔者温暖的鼓励。当时笔者全家旅居美国，遇到的困难远超想象。是基滕德拉·辛格教授容忍了研究迟迟未能获得进展的笔者。沃顿商学院的知名教授尼可拉·西格科（Prof. Nicolaj Siggelkow）则向笔者强调了案例研究的重要性。并且，以翻译出版俄亥俄州立大学石家安（Oded Shenkar）教授的大作《模仿者》（Copycats，东洋经济新报社）[①]为契机，笔者获得了开展案例研究的机会。

笔者还曾向那些在海外工作的日本研究者们咨询海外学会的详细事宜。例如纽约州立大学副教授入山章荣曾详细地告诉了笔者美国学会的相关信息。入山教授帮忙阅读了本书的部分草稿，给予了笔者极具启发性的建议。在亚特兰大的战略管理学会（Strategic Management Society），笔者遇到了在康涅狄格大学取得博士学位的山野井顺。关于本书的基本想法，山野博士的评价让笔者勇气倍增。于英国剑桥大学取得博士学位的稻叶佑之在百忙之中帮忙阅读了本书草稿，从学术的角度提供了有益的建议。

此外，研究固有主张的方法论并取得成就的谷地弘安在读过本书草稿后，指出了笔者未曾注意到的问题点。

[①] 石家安著，吴进操译：《模仿的力量：聪明企业如何模仿以赢得战略优势》，北京：机械工业出版社，2011年。——译者注

本书在有些地方未能按照各位学者的意见修改，不过，那些意见会在笔者今后的研究与写作中发挥作用。

商业银行集团（Business Bank Group）董事长滨口隆则曾问笔者"到底打算把什么样的信息传达给读者"，这个问题让笔者得以整理自己的思路。

早稻田大学研究生院商学研究科的研究生们也为本书的策划和内容提供了有益的建议。身在费城的笔者和东京的研究生们用Skype连接通话，召开"案例研究研究会"，轮流阅读主要学会的最优秀论文奖获奖作品，以及被广泛引用的研究论文。研究会的成员永山晋（井上达彦研究室）、伊藤泰生（坂野友昭研究室）、小泽和彦（藤田城研究室）、佐佐木博之（坂野友昭研究室）都与笔者展开了热烈的讨论。

日经BP社的长崎隆司先生肯定了"最优秀论文奖"的价值，从写作理念的设计到本书的出版，一直以敏锐的视角为本书提供建议。

在此记上大家的名字以表达感谢之情。

最后，笔者在国外埋头做研究时，家人一直表示支持。在此想向家人表示感谢。

井上达彦

2014年6月

出版后记

在欧洲人发现黑天鹅之前，他们认为天鹅都是白色的，"黑天鹅"曾经是他们用来指代不可能发生的事物的常用语。于是，纳西姆·尼古拉斯·塔勒布用"黑天鹅"来表示那些不可预测的重大随机事件。它们在日常生活中被人们忽略，被数据统计舍弃，是偏离值，是小概率事件，但每一次"黑天鹅"的降临无不伴随着巨大的损失和追悔莫及。

本书正是围绕如何发现"黑天鹅"来展开，作者的目的，一是发掘不可能中的可能性，探索未知领域；二是普及不为大众所知的知识，让普通民众认识"黑天鹅"。书中所有案例都取自刊载于《美国管理学会学报》的论文，并获得最优秀论文奖这一管理学界的"奥斯卡"奖。但是，作者避免了太过专业的术语，用通俗易懂的语言向普通读者展示了这些经典研究案例的研究方法，介绍前沿的"寻找黑天鹅"研究，让读者在体验到研究内容的有趣之处外，也学习到能够应用于日常实务的研究方法。这种方法不需要罗列复杂的公式、收集大量的数据来进行解答，只需要了解案例研究的研究方法，就可以应用于实践中。

虽然如今大数据研究风头正劲，但是黑天鹅事件却无法用大数据来进行观察。因为它能被观察到的案例极少，往往能被观察到的时候就已经产生了非常严重的后果。于是，人们只能通过对个别研究对象进行研究，这就需要运用案例研究的方法。这一研究方法具备三种能力：(1) 活跃人类大脑的能力；(2) 应对复杂局面的能力；(3) 形成"类比基础"，开拓未来的能力。即使前例很少，也能推导出有效的假说，并能够打破一般论调，找到"黑天鹅"的存在。

有些"黑天鹅"的产生是单纯基于不确定性与随机性，它们无法预测；还有些"黑天鹅"的存在是源于人类的物质。所以，时刻提醒自己一切皆有可能，才能做好万全的准备。

服务热线：133-6631-2326　188-1142-1266

服务信箱：reader@hinabook.com

后浪出版公司

2015年10月

图书在版编目（CIP）数据

深度案例思考法：从怎么可能到原来如此 /（日）井上达彦著；王广涛，宋晓煜译.
—北京：北京联合出版公司，2016.2（2016.6重印）
ISBN 978-7-5502-6562-2

Ⅰ.①深… Ⅱ.①井… ②王… ③宋… Ⅲ.①管理学—案例—研究 Ⅳ.①C93

中国版本图书馆CIP数据核字（2015）第266703号

BLACK SWAN NO KEIEIGAKU written by Tatsuhiko INOUE.
Copyright © 2014 by Tatsuhiko INOUE.
All rights reserved.
Originally published in Japan by Nikkei Business Publications, Inc.
Simplified Chinese translation rights arranged with Nikkei Business Publications, Inc. through Bardon Chinese Media Agency, Taipei.
Simplified Chinese edition published by POST WAVE PUBLISHING CONSULTING (Beijing) Co., Ltd.
本书中文简体版由后浪出版咨询(北京)有限责任公司出版。

深度案例思考法：从怎么可能到原来如此

著　　者：[日]井上达彦
译　　者：王广涛　宋晓煜
选题策划：后浪出版公司
出版统筹：吴兴元
特约编辑：方　丽
责任编辑：王　巍
营销推广：ONEBOOK
装帧制造：墨白空间·王斑

北京联合出版公司出版
（北京市西城区德外大街83号楼9层　100088）
北京京都六环印刷厂印刷　新华书店经销
字数147千字　690毫米×960毫米　1/16　13印张　插页4
2016年2月第1版　2016年6月第2次印刷
ISBN 978-7-5502-6562-2
定价：36.00元

后浪出版咨询(北京)有限责任公司 常年法律顾问：北京大成律师事务所　周天晖 copyright@hinabook.com
未经许可，不得以任何方式复制或抄袭本书部分或全部内容
本书若有质量问题，请与本公司图书销售中心联系调换。电话：010-64010019

做事的常识：
事情一来，马上就知道怎么做

著　　者：（日）小仓广

译　　者：郭乃雯

书　　号：978-7-5502-5778-8

定　　价：32.00元

为什么会做事的人能复制成功，一般人却常重蹈覆辙？
关键就是：习惯。
会做事的人习惯开始，大多数人只会想"等我准备好"；
会做事的人习惯坚持，大多数人说"我看算了"；
会做事的人习惯重复，大多数人心想"又要做一次"；
这三个好习惯，你都有吗？

　　我相信，每个想把事情做好最后却失败的人，并不是不够努力，而是放弃得太早。

——小仓广

　　为什么有些人能够顺利把事情做出成绩？为什么有些人永远说得多做得少？本书介绍了把事情做出成绩的3个关键习惯，这些习惯虽然老生常谈，却是做事的常识。但是，在日常生活中，从来没有人能说出该怎样才能培养起来这些习惯。在本书中，作者通过自身实践和经验，从心态上和行动上两个角度为我们指出了切实可行的小技巧，帮助我们养成开始、坚持和重复这三个习惯，让我们炼就做事的手感，不断达成目标，把事情做出成绩。

　　做事的常识，是这样炼出来的：把大目标拆解成容易执行的小计划；动手前，先画出工作概念图；学会甘特图，进度不糊涂；养成好习惯，胜过只想试试看；难度越高的工作，越要超前进度；失败几次无所谓，珍惜每一次重来的机会；不因相同的理由失败第二次，就算进步；只要跑到最后，再狼狈都很帅。掌握这些常识，就能摆脱三分钟热度的坏习惯，创造不一样的人生。